哈佛学子“无我”专注力

好成绩不靠凌晨四点半

哈佛学子

“无我”专注力

好成绩不靠凌晨四点半

CONCENTRATION

张胜男　单思聪　王子欣　著

浙江人民出版社

图书在版编目 (CIP) 数据

哈佛学子"无我"专注力：好成绩不靠凌晨四点半 / 张胜男，单思聪，王子欣著. — 杭州：浙江人民出版社，2020.5（2022.5 重印）

ISBN 978-7-213-09513-9

Ⅰ. ①哈… Ⅱ. ①张… ②单… ③王… Ⅲ. ①学习方法—青少年读物 Ⅳ. ①G791-49

中国版本图书馆 CIP 数据核字（2019）第 235252 号

哈佛学子"无我"专注力：好成绩不靠凌晨四点半

张胜男　单思聪　王子欣　著

出版发行：浙江人民出版社（杭州市体育场路 347 号　邮编 310006）

市场部电话：（0571）85061682 85176516

责任编辑：毛江良

营销编辑：陈雯怡　赵　娜　陈芊如

责任校对：陈　春

责任印务：刘彭年

封面设计：琥珀视觉

电脑制版：北极光

印　　刷：杭州宏雅印刷有限公司

开　　本：710 毫米 ×1000 毫米　1/16　　　印　　张：16

字　　数：192 千字

版　　次：2020 年 5 月第 1 版　　　印　　次：2022 年 5 月第 3 次印刷

书　　号：ISBN 978-7-213-09513-9

定　　价：58.00 元

推荐序

RECOMMENDATION

在求学过程中逐渐浮现的“专注力”

纵观我的求学经历，能从一名普通学生成长为哈佛脑科学博士，专注力是其中极其重要的因素。我的海外留学生涯是从高中毕业后被保送到韩国某大学开始的。在此之前，我和其他同学一样按部就班，从小学上到高中。在大学毕业后，我只身前往西雅图参加某研究所的研究课题，研究大脑神经元与人体的关系，在这期间，我还在硅谷的微软公司工作过一段时间，随后去美国哈佛大学读博。

反观国内的教育理念和方法，在应试教育的环境下，持续性注意力和选择性注意力表现出色的孩子总会占很大的优势，在学习成绩上也会有优异的表现，因为它们恰恰是国内应试教育中最受重视也是考察最多的两个专注力维度。但是，单一的考核方式势必会影响学生，让学生形成相对单一的学习方法和思维方式。留学期间，我在与同学和老师的沟通、交流和学习过程中，逐渐意识到自己在学习方法和思维方式上存在局限性，之后便一直有意识地提升自己其他的专注力维度——观察性注意力、转换性注意力和分配性注意力，尝试着将学业上的专注，复制到各个方面、各个领域，持续提升自身能力，拓展自己的知识广度，并于 2013 年收到了哈佛大学脑科学博士的录取通知。

留学海外并不像很多人想象的那样轻松、简单，无论是韩国的大学，还是人才济济的哈佛大学。留学期间，我发现身边大多数的同学都能将自身的学业处理得井井有条，同时还能身兼数职，社交、工作、社团、比赛无一遗漏，并且还在不断地挑战自己的潜能，调整自己的前进方向。在与他们交流时，我发现几乎每个人都对自己有着非常清晰的认知，而且在处理各种事情时都非常专注。当我询问他们获得现有成就的秘诀是什么时，得到的答案五花八门。但在他们的回答中都无一例外地会出现一个词：专注——无论是针对现阶段某一件事情上的短期专注，还是针对自身的发展和未来方向上的长期专注。

不装高端，不卖鸡汤，实践导向的"学霸秘笈"

这本书与市面上所有的同类书籍都有所不同，它是一本通过总结藤校学霸学习生活中常用的学习方法而来的、非常具有实践指导意义的工具书。现在市面上的书籍大多是由学术机构或教研人员编写的，这些书给我的感觉是学术性太强，实用性却很差，而且有较高的阅读门槛。具体来说，这些书的作者是从教育工作者的角度来看问题的，他们的建议很大程度上来自其研究成果，很难让学生们感同身受。而且，他们对专注力的定义往往是根据自己的研究成果得出的，给人生搬硬套的感觉，好像只是为了给各种问题找到一个源头——不专注。市面上还有很多鸡汤类的书籍，一味地鼓吹成功学，叙述优秀学生的学业发展规划，却只字不提其学习方法或父母该如何引导，乍一闻香气四溢，实际尝起来却平淡无味。学生们真正需要的不仅是一条正确的路，还必须是一条他们可以走的路，一条有人走过的路。这本书在保持了专注力训练的高端性以及权威性的同时，还让人们明白，学霸模式是可以复制的。他们口中的专注，不仅仅是一个概念，还是一个过程。学霸们一步一步走来的路，就是以后你要走的路；学霸们的经历和经验，就是这条路上的路标和明灯。

站在脑机接口技术的风口上，帮助孩子尽早培养专注的素质

怀揣着对脑机接口技术的憧憬，以及该技术能够被运用于无数设备与应用的无限可能，我申请了哈佛大学脑科学中心的博士项目，并结合自身的研究成果创立了强脑科技公司（BrainCo），并有幸在哈佛创新实验室完成 BrainCo 的孵化。与此同时，我在哈佛大学遇到了许多杰出的科学家、工程师与各类人才，其中就有本书的主要作者，哈佛大学教育学院的硕士张胜男。张胜男专注于学业的同时也是一名在跨文化交流领域有着丰富经验的青年领袖和国际培训师。在她参与的一项“专注力对学生未来发展影响”的研究中，她和其他两位作者以藤校学生为调研对象，了解他们的学习、工作方法，归纳总结出高效专注的技巧经验，并创建了 Me^5 模型来帮助更多的学生和工作者

成为高专注人士。在教育领域，BrainCo 在现阶段的主要目标是帮助学生快速养成高效学习的习惯，并且能够在很短的时间内提高学习效率，从而提高成绩。BrainCo 推出了一款基于脑机接口技术的教育领域的产品。这是全球首款集检测与提升注意力功能于一身的教育产品，该产品能够采集佩戴者的脑电波信号，并把这些脑电波信号转化成可以量化的注意力指数，从而实时跟踪佩戴者的注意力情况。这也与本书中 Me^5 模型中的最后一项——神经反馈训练的原理不谋而合。

不仅如此，BrainCo 在专注力方面的研究以及成果也与这本书的作者们的研究成果呼应。书中不仅详细生动地讲解了由各类学霸和成功人士的高效学习方法和做事方式总结而成的 Me^5 模型的理论框架，还详细阐述了采访过的 5 位藤校学霸的学习经历和家庭教育方式，为学生家长和老师提供科学的教育理念和正确的引导；同时结合 21 天打卡实践活动，帮助学生跨越从理论到实践的难关。所以，无论你是想找到更好、更实用的学习方法，还是想终身学习、持续成长，这本书都将是你的一盏指路明灯。结合 Me^5 模型和 21 天的打卡训练，你便可以掌握这项名为“专注”的能力。

韩璧丞

BrainCo 创始人兼首席执行官

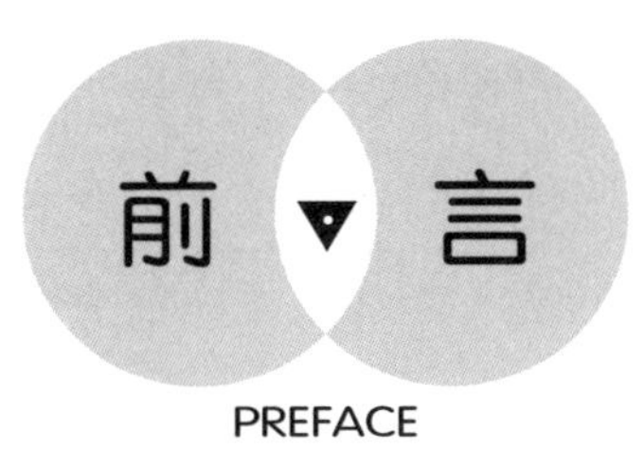

前言

PREFACE

众所周知，哈佛大学是一所在世界上享有盛名的顶尖教育机构，坐拥优秀的学术资源和遍布各界的影响力，被誉为美国政府的“思想后盾”。一直以来，它都是全球无数学子心中的“藏宝阁”，吸引着一代又一代的学子们前赴后继地苦寻打开其大门的钥匙。据哈佛大学公布的数据显示，仅在 2018 年，申请的学生人数就有 39506 人，但最终只有 2037 人被录取——每年 5% 左右的录取率，真的可以用“千军万马过独木桥”来形容了！

在这样的热潮下，市场上很多与哈佛相关的书籍也就应运而生，例如《哈佛女孩刘亦婷》《我在哈佛上大学》《哈佛凌晨四点半》等。《哈佛女孩刘亦婷》一书详细描述了刘亦婷从胎儿到高中时期，她的父母在教育其成长的过程中所运用的教学方法和教育理念，但对于刘亦婷常用的学习方法、未来的打算和发展方向并没有很明确的叙述，似乎她生活的一切都是围绕着哈佛展开的，而在刘亦婷收到哈佛录取通知书的那一刻，故事就落幕了。《我在哈佛上大学》这本书记录了很多哈佛学子在来到哈佛前的人生轨迹，以及在哈佛的所见、所闻、所感，这让读者对哈佛大学更加向往，它像一本胜地旅行手册，描述了目的地的美景，却忘了告诉大家该怎么去。而前一段时间大热的《哈佛凌晨四点半》，在书的网络评论区，大家不约而同地说，这本书给人的感觉是面前有满满一大碗香气四溢的鸡汤，美中不足的是缺一只汤勺；而且哈佛学子都知道，Lamont 图书馆是唯一一个通宵对学生开放的图书馆，而哈佛大学绝大多数图书馆都不是彻夜开放的，除 Lamont 之外的图书馆也是仅在临近期末时才会延长闭馆时间；甚至还有学子专门在接近凌晨四点半的时候去唯一彻夜开放的图书馆"实地考察"，以解开事情的真相，结果发现，这个书名似乎只是为博人眼球而取的。整体看来，这些打着哈佛名号的书籍更像是名人传记，光鲜的外表下却透露着内涵的缺乏。学子们看不懂也摸不透，不知道自己离哈佛还有多远，反倒觉得自己离哈佛最近的时候，就是在朗诵书名的时候。

我对教育的探索、对哈佛的执念，都始于 7 年前。高考失利，差几分没考上北京大学的我来到北京第二外国语学院。在度过了充满惊喜、挑战、热爱、梦想的四年后，我更加确定，在我的内心深处十分渴望能有一片自由的土壤让我不停地试错和成长，我未来人生发展的方向绝不会被轻易地定义。我会与志同道合的人一起在路上寻找、享受所有不期而遇的失败或成功。而哈佛大学，也是我苦苦追求了 5 年的"女神"，时至今日，我依然记得打开邮件，看到 "Congratulations!"（录取通知书的开头）时内心的激动和止不住的泪水。自申请以来一直悬在我心中的石头，总算落了地。

作为本书的作者之一，很荣幸可以和哈佛大学工程学院博士单思聪，以及哈佛大学教育学院研究生王子欣，在横跨文理化工、越过学科之间的界限后，总结数百位哈佛学子的学习秘籍，共同撰写、诠释 Me^5 模型。在我们长达三年之久的采访中，我们充分了解到，每一个个体都不尽相同——从家庭背景、学习习惯、擅长学科到个人能力。通过整合众多学霸的高效学习方法，我们总结出这些不同的个体中唯一且至关重要的共同点——专注。所有的学子在接受采访的时候都提到，专注是帮助他们从起跑线开始就一直领先于其他人的不可或缺的能力。而我们的 Me^5 模型（也被称为“无我”专注力模型），正是由成长型思维（Mindset）和 5 个 e——情绪（emotion）、效率（efficiency）、精力（energy）、排除干扰（elimination）、神经反馈训练（EEG）共同组成的。我们的“无我模型”，从这六个角度为大家提供了一个完整的、从内到外的高效学习与工作的方案。

在 Me^5 模型中，“成长型思维”模块作为整个模型的地基，将教给大家如何拥有正确、积极的自我认知，不断保持提升自我的动力，为掌握这个模型打下坚实的基础。接下来的“5e”中的前四个可以看作是支撑房子的坚实支柱：“情绪”模块是从认识情绪入手，揭示不同情绪产生的原因和处理方法，因为良好的心态、稳定的情绪是一个人学习、工作、生活的基本条件；在“效率”模块中，我们结合了对身边藤校学霸的采访，为读者们介绍了他们在日常学习生活中采用的简单可行的时间管理方法；“精力”模块则从睡眠、运动、饮食、冥想四个角度入手，告诉大家学霸们都是利用哪些科学有效的方法来养成良好的生活习惯，从而为自己的学习工作做好后勤保障的；“排除干扰”模块会向大家介绍生活中不同类型的干扰，并且教给大家如何通过有效的方法保持专注高效的学习工作状态。在介绍完这五个模块后，我们着重讲解基于脑电波 (EEG) 量化的神经反馈训练，也就是第五个 e，神经反馈训练就像是大脑的健身操，可以帮助大家更快地进入专注的状态，更好地保持专注的感觉。由 Me^5 模型与藤校学霸们的学习方法总结归纳而成的 21 天打卡计划，可以一对一、有针对性地帮助学生和家长跨越从理论到实践的门槛，从而养成高效专注的好习惯。大家都知道，想要进入名校，仅仅靠长时间、通宵的学习是远远不够的；没有科学的学习方法和好的学习习惯，不适时调整前进的方向是很难迈进期望的学府的。这也是为什么很多在父母的督促下进入名校的孩子，在卸下了父母的枷锁后变得非常迷惘，在各方面压力纷至沓来的时候手忙脚乱。他们从来没有亲自为自己的未来计划过，也不懂得如何调节自己。

本书适合包括学生、家长和老师在内的各类人群阅读。如果您已近中年但仍在不断学习，愿意巩固自己的知识和技能；如果您想时刻进步，时刻跟上时代的变化……这本书就是您的不二选择。现在的脑科学技术已经取得了很多成果。虽说有关大脑神经的原理、学习的原理和方法运用等领域还有很多不为人所知的部分，但通过本书的讲解，结合我们的 Me^5 模型和 21 天打卡计划，相信您一定会取得令人欣喜的进步与改变。目前，Me^5 无我专注力课程线下版本已经推广到国内众多学校、教育机构，并收获了非常好的反响。如果想了解更多，欢迎各位读者扫描下方的二维码，关注我们的“霸霸来了”公众号，进入打卡营地，找到志同道合、共同进步的小伙伴，开始属于您的“21天专注力训练”；或者加入我们的 Me^5 无我专注力课程班级，一起提升自己的专注力。

做一名高效人士，掌握自己的人生，就从现在开始。

霸霸来了微信公众号

张胜男

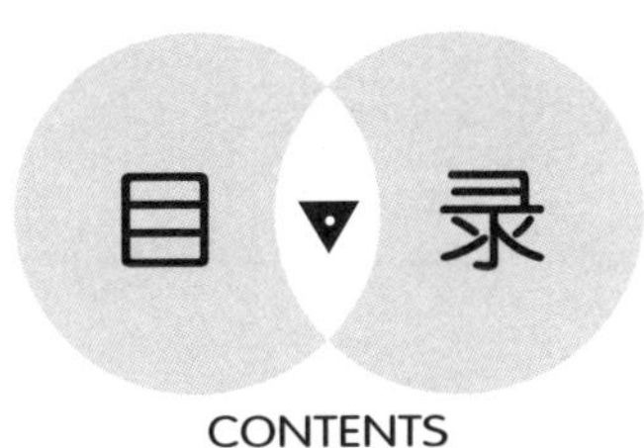

第一章

专注力，人工智能时代最稀缺的能力

一、无处不在的焦虑——为什么你与专注总有一步之遥 // 2
（一）专注力的五个维度 // 3
持续性注意力 // 3
选择性注意力 // 6
转换性注意力 // 9
分配性注意力 // 10
观察性注意力 // 13
测试答案 // 16
（二）专注力五个维度的测试报告 // 18
持续性注意力测试报告 // 18
选择性注意力测试报告 // 19
转换性注意力测试报告 // 20
分配性注意力测试报告 // 20
观察性注意力测试报告 // 21

二、大脑走神，人生就会走样 // 22
（一）情绪有它自己的想法 // 22
（二）如果不追赶时间，你就会被时间追赶得无路可退 // 25
（三）给你的身体"加油" // 28
（四）一场干扰与意志力的拔河比赛 // 30
三、一切都未写好，等你自己创造 // 33
（一）不要活在别人的标准定义里 // 33
（二）敢想、更要敢做，现在就开始行动吧 // 35
第一步：树立信心，拒绝标签 // 36
第二步：与过往的失败经历说"bye-bye" // 36
第三步：持续的行动是成长的必经之路 // 37

第二章
Me5 模型——磨炼专注、解锁人生

导语：认识一下你的得力助手—— Me5 模型 // 40
一、成长型思维 (mindset)——始终相信能力是可以培养的 // 41
（一）成长型思维：源源不断的内在驱动力 // 42
思维的形状，决定人生的色彩 // 42
未来是由一个又一个的阶梯组成的 // 44

（二）了解自己：一切计划开始的前提 // 45
解析性格本质：萨提亚冰山模型 // 45
找到真实的自己 // 48
1.讨好型 // 50
2.超理智型 // 50
3.指责型 // 51
4.打岔型 // 51
5.表里一致型 // 51
（三）有样学样：自悟是一条漫长的道路，而榜样是一条捷径 // 52
错误和失败，都能让人成长 // 52
突破圈层，勇敢走出舒适区 // 54
（四）有的放矢：凡事预则立，不预则废 // 55
长远目标：瞄准天空比瞄准树梢射得更高 // 55
阶段性目标：涓涓细水终会汇成江河 // 57
（五）学霸故事：靠成长型思维逆袭 // 60
不爱学习的小孩变成辩论才子 // 61
英语渣到新东方名师的逆袭 // 62
成长型思维让他超越自我 // 64
二、情绪管理法（emotion）——优秀的人，从来不会输给情绪 // 66
（一）情绪管理：做一个内心强大的自己 // 66
在这个世界上，理性与感性并存 // 66

无限趋近于理性，也会无限趋近于专注 // 68
（二）梳理情绪：旋转吧，情绪轮盘 // 70
基本情绪：大脑处理问题时的默认选项 // 70
反馈情绪：不同的需要引发不同的情绪反应 // 73
（三）正念意识：心灵解放的生存状态 // 75
有意识地觉察自我情绪：有些情绪必须拿得起，放得下 // 75
专注于当下：感受现实，感受美好 // 76
不做主观评判：尽量避免新的念头 // 78
（四）情感平衡：驯服，而不是强迫 // 80
温柔疏解：让情绪的洪水安全地通过大坝 // 80
换个说法：选择适当的方式表达自己的感受 // 83
（五）心由境转：用最舒服的方式，创造情绪的闪光点 // 86
构建仪式：让某一天与众不同，让某一刻闪闪发光 // 86
营造氛围：做得精细，活得精致 // 88
（六）学霸故事：拥抱情绪，勇敢出发 // 90
越努力，越失败，越焦虑 // 91
情绪认知：心态的转折点 // 92
积极控制：坦然面对不完美 // 93

三、时间管理法(efficiency)——告别低效勤奋 // 95
（一）时间管理：用更少的时间做更多的事情 // 95
时间的意义就在于时间有尽头 // 95

就算只有几十年，也要做时间的主人 // 97
（二）立足全局：以目标为导向 // 99
计划做得具体，执行才能做得切实 // 99
稳扎稳打，确保计划的高效实现 // 100
（三）番茄工作法：高效利用25分钟 // 103
让时间的概念从“点”变成“线段” // 103
在成就感中逐步攀升到更高峰 // 105
（四）二八法则：用有限的时间，做对的事 // 107
明确：凡事皆有轻重缓急 // 107
选择：必要的舍弃是为了最后的胜利 // 110
（五）转换自如：玩转时间的方法 // 112
尊重时间的活性与弹性 // 112
巧妙安排：获得量力而行的掌控感 // 114
（六）学霸故事：有一种分心叫瞎忙 // 117
克服贪玩的天性 // 117
制定目标，让时间管理成为习惯 // 119
四、精力管理法（energy）——让你的身体持续发力 // 121
（一）精力管理的本质——遵循生命的节奏 // 122
探寻精力之源 // 122
三种精力管理模式 // 125
（二）食物秘诀：You are what you eat（你吃什么，你就是什么） // 127

精力来源于氧气和血糖的化学反应 // 127
均衡饮食，各色食材完美搭配"彩虹餐" // 129
（三）睡眠保障：夜晚是留给精力的再生时间 // 131
睡眠是身体的主动修复 // 131
提高夜晚睡眠质量的方法 // 133
（四）体能训练：要专注地学习，也要专注地运动 // 136
利用碎片时间，做点"小运动" // 136
适合脑力活动者的身体训练 // 138
（五）冥想之旅：无形的能量往往最有力量 // 141
静心、冥想、入定：清空大脑里的杂物 // 141
独处是一种心灵修行 // 143
（六）学霸故事：在忙与闲之间养精蓄锐 // 146
"You are what you eat" // 146
遵循你身体的规律，事半功倍 // 148
五、排除干扰法（elimination）——用快刀斩断内心的乱麻 // 150
（一）干扰是令人厌烦的不速之客 // 151
内部的杂念：人在这里，心却在别处 // 151
外界的打扰：纵容它，是对生命的严重浪费 // 152
（二）主动远离：遇到障碍物时要有拐弯的能力 // 155
不要让任何人扰乱你的时间表 // 155
趋利避害，远离嘈杂的环境 // 157

（三）积极处理：改善一点点，即是改变一大半 // 159

拒绝无处不在的诱惑 // 159

心随境转，不要小看整理的作用 // 162

（四）从一而终：发现无数问题，不如致力于解决一个问题 // 164

同时处理多项任务的隐患 // 164

一旦走起来，就别随便停下 // 165

（五）扪心自问：为心灵减负 // 168

解开心结，拥抱阳光 // 168

“空杯心态”，迎接更好的未来 // 169

（六）学霸故事：用快刀斩断内心的乱麻 // 171

全美第一设计学院的传奇 // 171

跨界，用心将艺术与科技结合 // 174

六、神经反馈训练（EEG）—— 带来心脑合一的最佳状态 // 177

（一）EEG：使用电生理指标记录大脑活动 // 177

脑电波：大脑活动的节奏 // 177

EEG：量化你的脑电波 // 179

（二）神经反馈训练 // 181

何为神经反馈训练 // 181

传统神经反馈应用：脑部疾病患者的福音 // 182

当代脑科学黑科技：高效用脑的强化法 // 186

第三章

只需 21 天，夺回人生的主导权

导语 专注需要刻意重复的练习 // 192

一、知行合一的“21 天专注力养成记” // 192

（一）21天，真的会发生奇迹吗 // 192

有关目的：每一个你羡慕的收获，都是用时间换来的 // 192

有关细则：无规矩不成方圆 // 194

有关结构：循序渐进，方可焕然一新 // 194

（二）开启21天模式：只要每天都走在路上，就没有到不了的远方 // 196

活动计划 // 196

（三）总结：成长与蜕变的记忆 // 208

你得到的21天，你失去的21天 // 208

21天过后，一些想对过去的自己说的话 // 211

还有下一个21天，让坚持成为一种信仰 // 212

二、完善自己是一场永无止境的马拉松 // 213

（一）取人之长：想要发光的行星，必须离恒星更近一些 // 214

乔布斯：像激光一样聚焦 // 214

比尔·盖茨：不要和世上任何人去比较 // 215

马克·扎克伯格：别把自己绷得太紧 // 218

奥巴马：让那些世俗事务的选择处在自动运行状态 // 219
（二）分身有术：同时驾驭多项任务的秘诀 // 221
甘特图帮你规划所有学习任务 // 221
属性相同的学习内容一起完成 // 223
不要浪费每次学习项目的间歇时间 // 225
学会写总结报告和创新计划 // 226
学霸寄语：被你超越是我的荣幸 // 228
参考文献 // 231

Chapter One

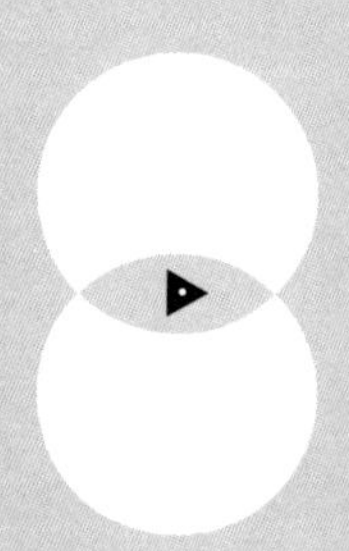

把一件事情做到极致，胜过平庸地做一万件事。

第一章

专注力，人工智能时代最稀缺的能力

一、无处不在的焦虑——为什么你与专注总有一步之遥

这个时代，每时每刻都有东西在抢占你的注意力。

清晨，刚起床，你按掉手机闹钟，就会看到手机屏幕上某些软件图标右上角亮起的红点，不断刺激着你的神经。为了消除这些红点，你只好一一点开这些软件。

"叮——"拥挤的地铁上，手机的各类提示音此起彼伏，你一手抓着扶手，一手点开这些最新的消息，结果发现只是一些无关紧要的信息的推送。

到办公室中，你打开网页，跳出来的一个个弹窗让你猝不及防，惹眼的标题让你忍不住想一探究竟，结果发现大多只是标题党。

在网上查找资料时，一篇篇拓展阅读吸引着你的眼球，当你点开一个个链接后，发现最后浏览的内容已经与最初的课题毫无关联。

回到家，你靠在沙发上打开短视频网站，本想只看 5 分钟，结果自动播放了下一条视频，便一条条看下去，无法自拔……

无论是挤在喧闹的公交车上，还是一个人安静地靠在床上，刺激无处不在。而我们的注意力，这种原本只属于自己的珍贵资源，就这样被瓜分掉。

《时代周刊》在 2015 年曾刊载过一篇题为《你现在的注意力持续时间比金鱼还短》的文章。金鱼只拥有 9 秒的记忆，而如今很多人在 8 秒后就会注意力涣散，对当下的事物失去兴趣。这是为什么呢？其实，数字化的生活方式对人类大脑有深远的影响，微软公司的研

究者调查了 2000 多名测试者，并使用脑电图（electroencephalogram，简称 EEG）技术研究了部分参与者的大脑活动，结果发现，自 2000 年互联网兴起以来，人们的平均注意力持续时间从 12 秒降至 8 秒。报告称，现在的人们很难过滤掉不相关的刺激——人们的注意力更容易被多种媒体分散掉。

很多人习惯了 15 秒的短视频，便会对一个长达两小时的自然纪录片失去兴趣。他们会觉得，太慢了，一个镜头那么久！悠扬的音乐让人昏昏欲睡，这远没有那些绚丽的画面、酷炫的特效、快节奏的音乐有趣。

当一个人习惯了一分钟就能读完的推送文章，很可能就会对长达数十万字的严肃文学失去兴趣。因为他会觉得情节推进太慢，前期铺垫太多，人物的心理活动太长，所以只能放弃阅读。

当你无法控制自己的注意力时，你就交出了主动权，成为一个被任意操纵的木偶。你的目光会被各种刺激吸引，你或许会得到一时的快乐、短暂的刺激和自以为的放松，其实你已经失去了深度思考、学习与探索各种事物的机会。

在这个科技飞速发展的时代，我们尤其需要运用自制力去学习与探索各种事物，去静心反思，去深度思考，去设计发明，去解开纷繁复杂的谜团，去创造一个崭新的明天。

你想成为一个任人"宰割"的提线木偶，还是一个拥有专注力的高效人士？这个决定权就在你手中。

（一）专注力的五个维度

持续性注意力

"叮铃铃"，数学期末考试铃声响起，老师从文件袋中取出一叠考卷，分发给每个同学。小飞也拿到了自己的试卷，他写下了自己的姓名、学号后，看了一眼时钟，到交卷还有一个半小时的时间。他在心里计划，早点把所有试题做完，最好还能留出检查的时间。小飞开始在草稿纸上演算起来……他完成了所有的填空题，自我感觉还不错。接着他开始做应用题，第一道题是“在一个农场里，有一个笼子，笼子里有若干只鸡和兔子。其中头有 10 个，脚有 32 只……”小飞纳闷：“一个农场，为啥要把鸡和兔子放在一个笼子里呢？真是奇怪，不过我也想去农场玩，好想摸一下毛茸茸的小兔子，它的眼睛真的是红色的吗……”小飞用手托着自己的脑袋，望着窗外，开始了天马行空的想象，没有察觉时间正在一分一秒地流逝。老师经过他的座位时，敲了敲他的桌子，他这才猛地一回神，发现只剩半个小时了！小飞提醒自己，接下来的时间里都要专注。但他总感觉心神不宁，格外焦虑，“唉，别说检查了，能把所有试题做完就不错了”。

小飞这样的情况并不是个例。很多家长都发现，自己的孩子做作业时“坐”不住，可能刚抄了半篇课文，就嚷嚷着饿了、渴了，或者起身上个厕所。上课时，有的孩子听老师讲了 20 分钟的课，可能就不再专注，神游到外太空了。“孩子不听讲、不乖”这样的说法并没有触碰到问题的症结，核心的问题在于孩子的持续性注意力不强。

持续性注意力指的是，在一段时间内将注意力集中于某个连续的活动的能力。在一定时间内对某个任务保持专注的能力，与大脑负责学习和记忆的海马体息息相关。没有持续的注意力，就不能完成高效的学习，而与学习相关的理解和记忆更无从谈起。

每个人的持续性注意力都是有限的。随着时间的推进，我们的注意力会下降，大家对此深有体会。毕竟把注意力持续集中在某项特定任务上的能力是有限的，没有人可以没日没夜地学习。但是，持续性注意力是有强弱区别的。持续性注意力弱的人在一个任务上注意力的持续时间较短，很快就会感到无聊，一点点新奇的事物就会吸引他们的注意力，最后导致任务无法按时完成。而持续性注意力强的人随着时间的推进，对任务的专注程度下降得较慢，甚至一直保持同等程度的专注，他们更耐心，更能“保持集中的注意力”。

持续性注意力可以分为主动注意和被动注意。保持长时间的被动注意并不难。相信每个人都有过这样的经历：在看一部精彩纷呈的电影时，连想上厕所都憋着，生怕错过一秒钟；在读一本引人入胜的小说时，直到半夜了还不想放下，想一口气看到结尾。与之相对应的是主动注意，排除干扰，认真学习，专心听课，认真思考，这需要人们克服困难，主动坚持集中注意力。我们需要锻炼的就是主动注意这种持续性注意力。目前，你的注意力能持续多久呢？接下来通过简单的测试来揭晓答案。

［持续性注意力游戏：舒尔特方格］

游戏规则：持续性注意力游戏采用舒尔特方格。在下页的5×5的方格中有随意打乱的25个阿拉伯数字（1—25），要求参与者集中且快速地按1—25的顺序指出所有数字。可以自行计时，也可以邀请别人在一旁记录。所用时间在18秒以内者持续性注意力优秀；所用时间在18—23秒以内者持续性注意力一般；所用时间在23秒以上者持续性注意力有待提高。

13	20	8	2	19
22	5	18	6	12
4	1	14	3	23
16	25	7	21	9
11	15	10	24	17

选择性注意力

在生活中，每时每刻都有很多事物试图吸引你的注意力。早上走在马路上，耳朵里塞着的耳机传出说唱音乐；手里的手机发出了收到新消息的提示音；服装店正在装修，发出嘈杂的电钻声；包子铺散发出肉香；十字路口的红绿灯和路上驶过的车辆；与你擦肩而过的行人们……这么多事物刺激着你的视觉、听觉、嗅觉、味觉、触觉，它们争着抢着吸引你的注意力。但在很多时候，你只能注意到其中一部分，而对其他的事物视而不见、听而不闻，仿佛它们不存在一样。哪些刺激物会真正吸引你的注意力呢？正是那些你想要注意的，即大脑指挥的方向。这听上去有些拗口，但很容易理解，如果早上肚子饿要买包子，你肯定会注意听包子铺的吆喝声、闻包子的香味，而忽略超市门口的海报上有什么东西在打折；如果人生地不熟，你按照别人给你的地址找路，那你就会注意路标和门牌号，而不会在意包子铺在哪里；如果急着检查手机的消息，你就不会记得周围行人的脸庞……这就是选择性注意力。你选择注意什么，就会关注什么。

选择性注意力指的是，从多个刺激因素中正确地选择，排除周围不相关的刺激的能力。倘若一个人拥有优秀的选择性注意力，那么他就能指挥大脑专注于某一任务上，而不受其他无关事物的影响。选择性注意力可能是一种有意识的努力，也可能存在于潜意识中。干扰的因素可能来自外部环境，比如脏乱的写字桌、周围的说话声、走动的人；也可能来自内部，比如脑中仿佛有相互竞争的信息或者焦虑的思绪，干扰着你的思维，妨碍着你执行手头的任务。

选择性注意力对于学习和工作来说格外重要。这是因为，学习环境中就有很多来自外部的刺激影响着你的注意力。比如，在家中，孩子在房间里做作业，父母在厨房备菜、说话，客厅的电视播放着新闻；在教室里，周围的同学可能在小声说话，墙上时钟的秒针滴答滴答地走着，风吹起教室的窗帘，窗外传来操场上正在上体育课的同学的嬉笑打闹声。另外，我们不可能也没有必要排除所有的刺激，给孩子提供一个完全封闭、毫无装饰的学习环境。即使真的存在一个无干扰的学习环境，课本上的插图、笔记本的封面、圆珠笔的笔芯、橡皮的碎屑，都可以成为有趣的“玩具”，吸引孩子的注意力。所以，不分心的关键在于培养孩子的选择性注意力，让他们学会把注意力集中在最重要因素上，不为外界所动。在玛丽·居里小时候，有一次她在读书，姐妹在她面前唱歌跳舞，但她丝毫没有注意，仍然专心地看书。姐妹想试探一下她到底有多专注，就悄悄地在她身后搭起几张凳子，只要玛丽一动，后面的凳子就会倒下来。而玛丽对此没有一点察觉，直到她读完了一本书，凳子仍然叠在那儿没动。

接下来，你可以简单测试一下自己的选择性注意力，把自己想象成居里夫人，争取屏蔽周围的干扰信息，只关注重点，做到心无旁骛！

蓝
绿
黄
是
否
是
否
是
否
红
黄
紫
是
否
是
否
是
否
紫
蓝
黄
是
否
是
否
是
否

【选择性注意力游戏：yes意味着对另一件事说no】

游戏规则：上页是九种文字和颜色对比图，根据文字和颜色判断是否一致。例如，紫色的“紫”字是否用紫色来显示。全部看完所用时间在10秒以内者选择性注意力优秀；所用时间在10—13秒者选择性注意力一般；所用时间在13 秒以上者选择性注意力有待提高。

转换性注意力

课间，小幻与大力一起玩魔方。小幻首先观察了一会儿，口中默念着“红色、红色、左转、右边往下切……”大力时不时提点一下她。格外专注的小幻丝毫没有察觉时间一分一秒流逝，她变得越来越熟练，魔方逐渐变得整齐，还差最后一步了！此时，上课铃突然响了，小幻感到格外扫兴，回到自己的座位后，满脑子全是差一个角就可以拼好的魔方，数学老师讲的一元二次方程的求根公式像是绕口令，她仿佛迷失在魔方之中……

小幻在课间玩了一会儿魔方后就仿佛着了魔一般，很难再快速回到专心致志学习的状态，她感觉自己静不下心来听老师讲的课，头脑中只有魔方在打转。

很多时候，我们都需要切换任务、迅速转移注意力。有的小孩吃完饭后，总要磨蹭很久才能回到书桌前做作业；有的同学想利用休息时间玩会儿手机游戏，最后玩上瘾了不肯放下；有的同学上完历史课后接着上英语课，便觉得自己的脑子转换不过来，结果课前单词测验没有过关。我们经常要将聚焦点从前一个任务立即转移到下一个任务上，这时候就涉及转换性注意力。转换性注意力从婴儿期开始就拥有了，随年龄的增长而发展，大脑渐渐拥有快速适应新任务的要求的能力，并能排除旧刺激的干扰，将注意力重新集中起来。

在生活中，我们几乎需要一直使用转换性注意力。例如烘焙蛋糕时，首先需要阅读菜谱或者看教程视频，一步步地按照指示做，这是一个学习与执行交替的过程，我们注意力的焦点也会交替发生变化。在学习和工作中，我们同样需要交替使用注意力。在小组讨论中，需要自己先看书，查阅资料，然后和同学一起讨论，或者向老师寻求帮助，讨论完问题之后需要再对问题进行归纳总结。整个过程都需要转换性注意力，并且，通常这期间留给人们切换的时间非常短暂。转换性注意力强的同学能够有张有弛，将注意力集中到新的任务上，而转换性注意力弱的同学讨论一阵子学习后可能就开始聊天，忘了进行下一个任务。

小幻的转换性注意力就不够强大，她在魔方世界里流连忘返，没有办法将注意力转移到下一节课的学习中。你的转换性注意力怎么样呢？来做一个简单的游戏测试一下吧。我们在后续的章节也会教你如何培养自己的转换性注意力，让你学会收放自如！

［转换性注意力游戏：非红即蓝的世界］

游戏规则：下页是九种文字和颜色对比图，如何区分字义和颜色呢？例如，图片中间的字无论是什么字，如果字的颜色是红色，那么，需要选择下方的"红"字。全部看完所用时间在 10 秒以内者转换性注意力优秀；所用时间在 10—13 秒者转换性注意力一般；所用时间在 13 秒以上者转换性注意力有待提高。

分配性注意力

英语老师在黑板上写下一个新单词，敲了一下黑板，让大家跟着她朗读，"dinosaur，dinosaur"。佩佩刚看完上一句课文，还没弄明白什么意思，但也只能跟读，"di-no-saur"。她没有见过这个单词，于是就低下头把单词抄到笔记本上。刚抄完单词，老师就开始讲下一句课文了。佩佩心里小声嘀咕："怎么讲得这么快！这个单词是什么意思来着？"她只好再看看课本，从今天学的课文里一行

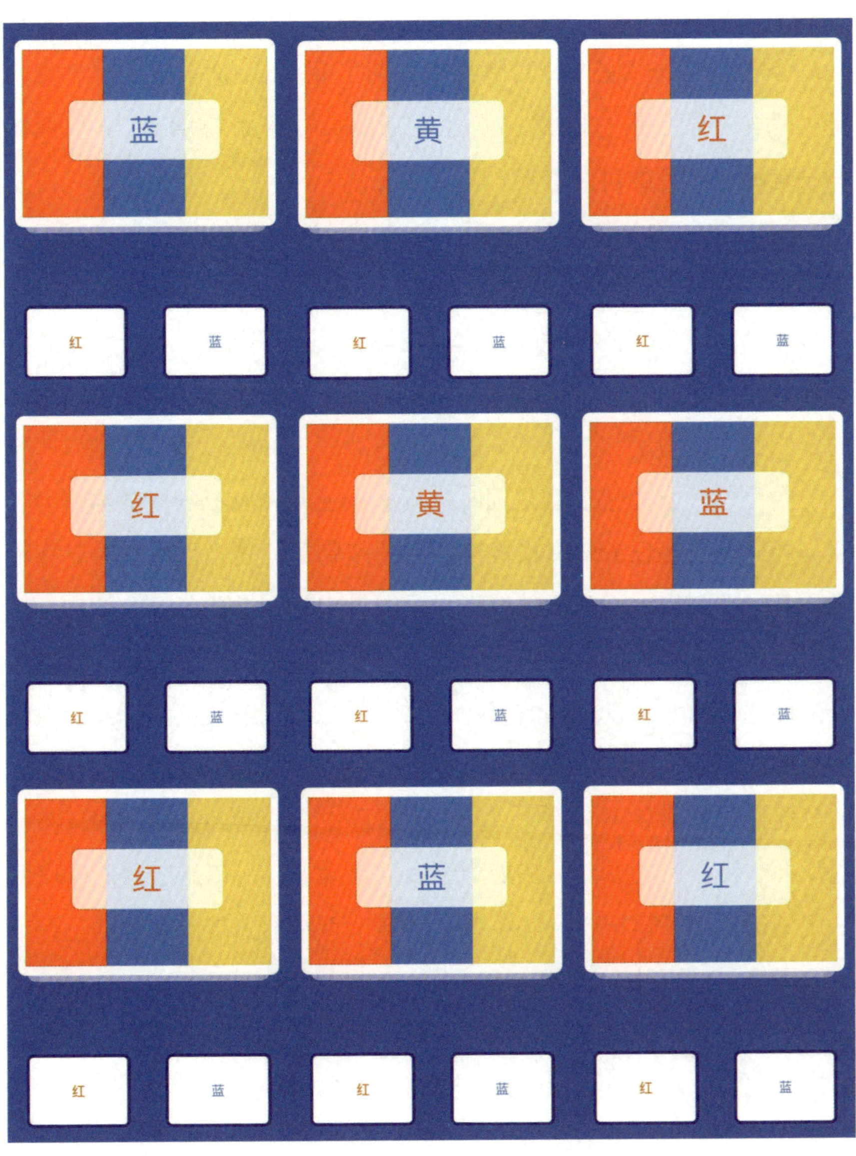
蓝
黄
红
红
蓝
红
蓝
红
蓝
红
黄
蓝
红
蓝
红
蓝
红
蓝
红
蓝
红
红
蓝
红
蓝
红
蓝

行找这个单词，终于在第三行看到了它。但是，她不理解这个单词放在整句话里时是什么意思。佩佩想了想，干脆查课本后面的生词表吧，“A-B-C……”她一页一页地翻着，“找到D了，第二个字母是i，第三个字母是n……”她终于查到了dinosaur这个单词，“原来是‘恐龙’啊！”这时候，英语老师下一句课文又讲完了，佩佩还是没有跟上老师的讲课节奏。

这是上课时一个非常典型的场景，同学们要边听老师讲课，边记笔记，边读课文，同时进行动脑子、动手、动嘴等多项活动。在日常生活中，很多时候需要我们同时关注多项事物，但人的注意力有限，很难在同一时刻处理过量的信息，这时候就需要利用好自己的分配性注意力了。

分配性注意力描述的是同时进行两种或两种以上的任务的能力。它与同样涉及多任务的转换性注意力的区别是，转换性注意力是在不同任务之间切换，而分配性注意力是同时完成多个任务，分解你的注意力而不是切换你的注意力。当我们边听课边记笔记时，就需要使用分配性注意力，接受信息的同时也要自己归纳总结并记笔记。而老师不会等你记完笔记再讲课，所以你还要一直保持着听课的状态。佩佩的分配性注意力就不够强大，她不仅需要更多的时间完成一项任务，也没办法将自己的专注力拓展到更多的活动上，所以她听课时就没办法记笔记，记了笔记就没法听课，结果一直跟不上英语老师的上课节奏，不仅手忙脚乱，还会感到力不从心，失去学习的信心。分配性注意力十分重要，大到飞行员操控飞机，小到青少年完成作业，都需要分配性注意力。研究表明，拥有更高的分配性注意力能力的人出错的可能性更小，并且更不容易受紧张等情绪影响。

为什么有些人可以成功使用分配性注意力呢？很大程度上是学

霸们的习惯在帮忙，他们“看起来”在同时完成多项任务，但其实是通过反复的训练，他们的大脑将一些任务“自动化处理”了，并不需要花费过多的精力。通过下面的小游戏，你可以测试出自己的分配性注意力的强弱，争取一心多用吧！

【分配性注意力游戏：左手画圆，右手画方】

游戏规则：参与者同时使用两只手进行操作。左手画圆，右手画方。2 秒内画出者分配性注意力优秀；2—4 秒画出者分配性注意力一般；大于 4 秒者分配性注意力有待提高。

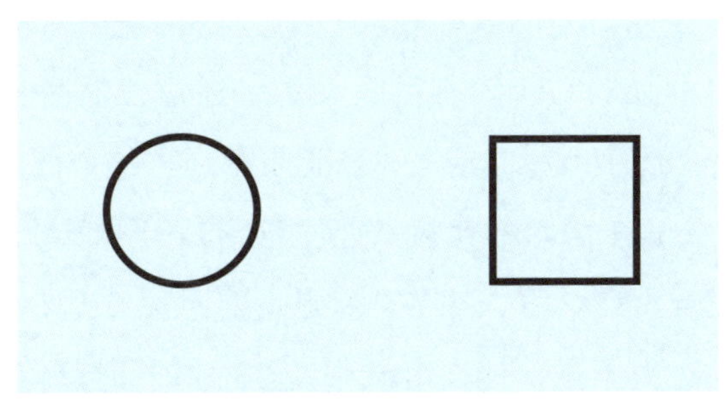

观察性注意力

小关每次考试都做不完题。上学期数学期末考试的时候，在交卷前的最后几分钟，周围有的同学已经气定神闲了，小关还在争分夺秒地做最后的努力。小关心中一直有个疑问：为什么相同的题目，有的人那么快就答完试卷，有的人却需要更多的时间？

考试结束后，小关和爸妈一起分析原因，想弄清楚为什么自己总是做不完题。通过整理错题，小关发现，自己审题时要花很多的时间才能将其理解透彻，有时候看了一个条件就忽略了另一个条件，分类讨论的时候只能分析一种情况，每道题都要反复做好几遍，有时候分析不清楚就“开小差”，干脆放松一下疲倦的大脑。老师也跟家长反馈，小关不是不聪明，而是做题不熟练，经常在答题的时候，每写几笔就停下来发呆、东张西望，感觉在思考不相关的事情，或者在观察周围的同学。而那些拿高分的同学，答题时格外认真，注意力高度集中，仿佛进入了一个真空的环境，周围的声音、他人的动作都不能干扰他们。小关的问题其实是观察性注意力不足引起的。

观察性注意力指的是，在同一时间内一个人能够清楚地感知或者了解到的客体的数量，也被心理学家称作注意力广度。对于不同的人来说，观察性注意力有强有弱，相应地，在同一时间内觉察的对象也有多有少。观察性注意力强的人，在同一时间内感知的内容多；而观察性注意力弱的人，在同一时间内感知的对象就比较少。观察性注意力的强弱与年龄有很大关系，通过仪器测定，科学家们发现，在1/10秒的时间内，成人一般能注意到4—6个彼此没有联系的字母，而大脑发育未成熟的儿童只能注意到3—4个字母。

观察性注意力在学习、工作中有哪些重要意义呢？以小关为例，因为观察性注意力不强，他在考试中花 30 秒钟阅读题目后，并不能获得全面的信息，或者说获得的信息不够准确，这时他觉得无从下手，就会花更多的时间反复阅读题目、理解题意，最后的结果是，无法在老师规定的时间内做完题，考试结果总是不尽如人意。

再举一个例子，一个班级的同学们共同阅读一段英文文章，观察性注意力强的同学可以用较短的时间就能获取重要信息，不仅能轻而易举地回答对应的阅读理解题，还能在阅读的过程中学习并记忆一些新词汇。但是，观察性注意力弱的同学可能看了后面忘了前面，回答题目时感觉有印象却又拿不定主意，只能反复看原文，而对于新的知识点也完全没有印象，学习效果自然不如别人。

观察性注意力的培养与提高，有助于一个人在同样的时间内输入、理解、消化更多的信息，提高学习与工作的效率，能够更好、更快地完成相关的任务。而观察性注意力较弱的人因为信息输入较慢，有时会渐渐失去耐心和信心，拖延任务，最后无法完成目标。通过下面的这个小游戏，测测你的观察性注意力吧！你在一定时间内能认知到多少个体呢？

［观察性注意力游戏：找不同］

游戏规则：以下是九张找碴图，每一张图片中都有多幅图，其中一幅图与其他图没有关系或者多余，找出这幅图，并圈出来。全部圈完所用时间在 15秒内者观察性注意力优秀；所用时间在15—24秒者观察性注意力一般；所用时间在24秒以上者观察性注意力有待提高。

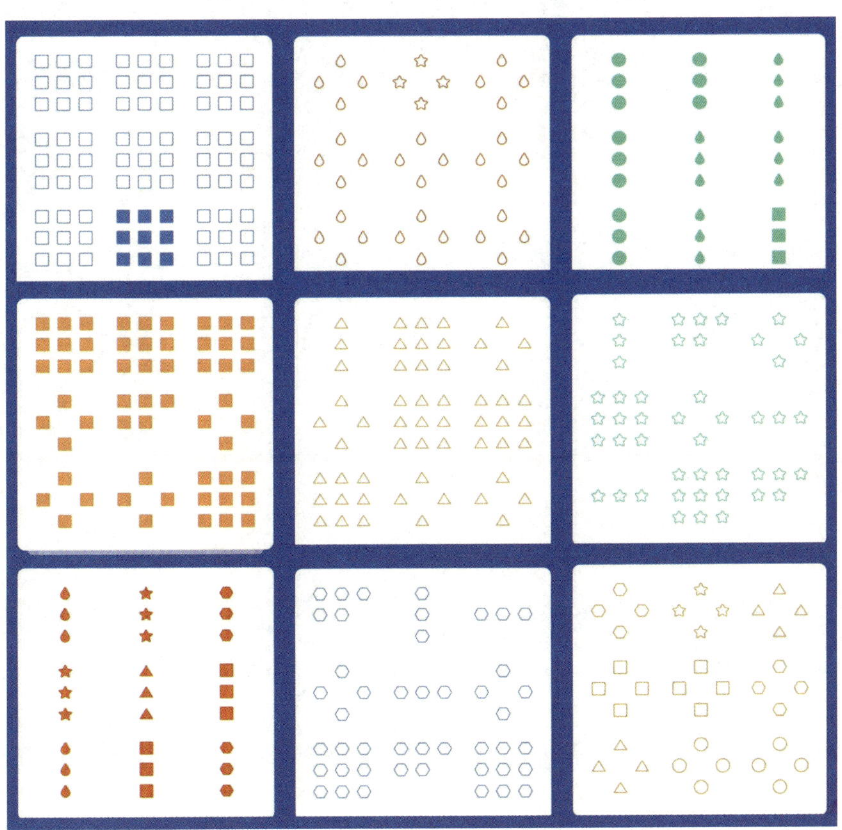

测试答案

选择性注意力测试答案：

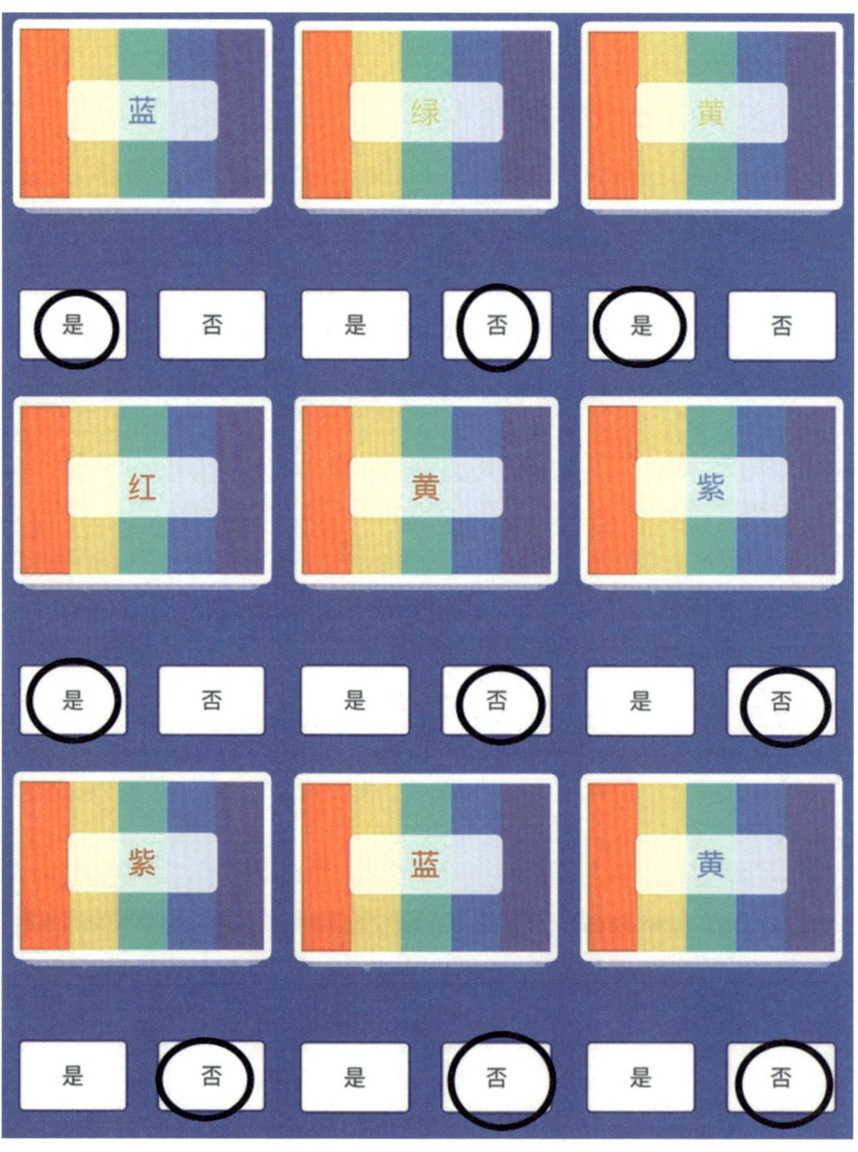

转换性注意力测试答案：

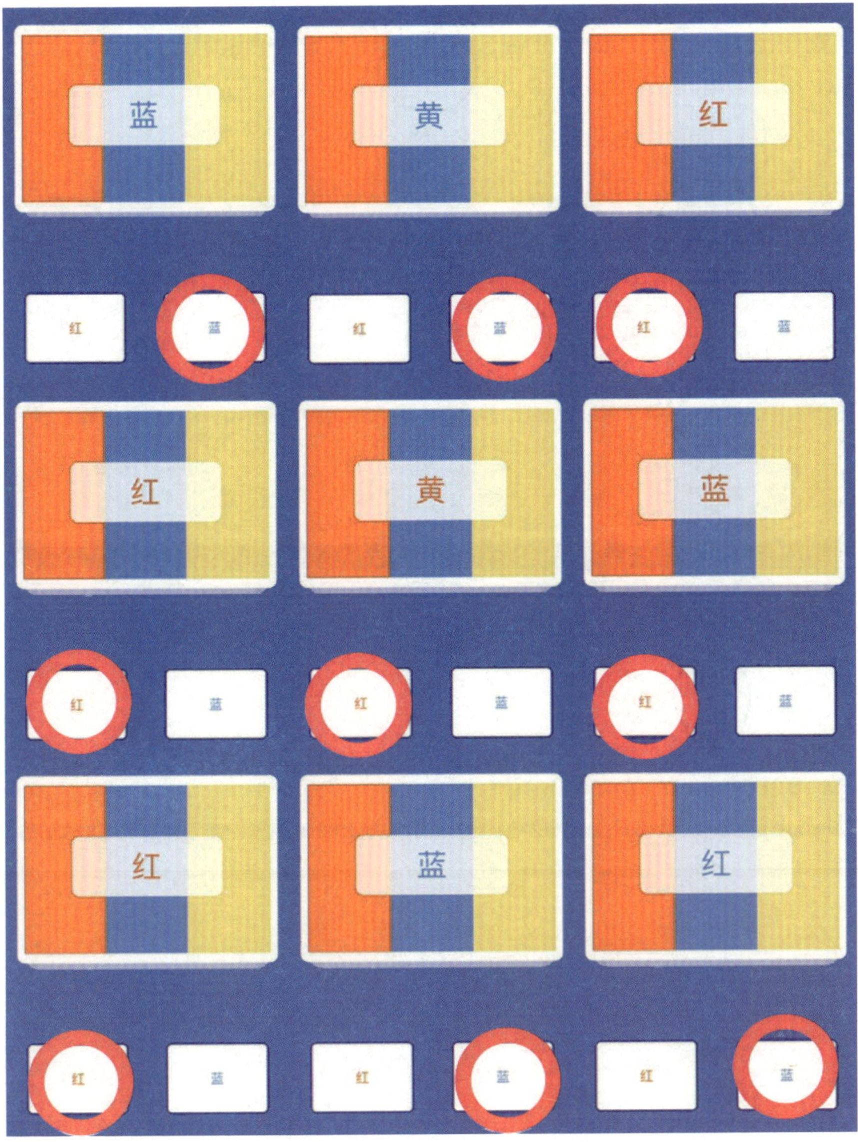

观察性注意力测试答案：

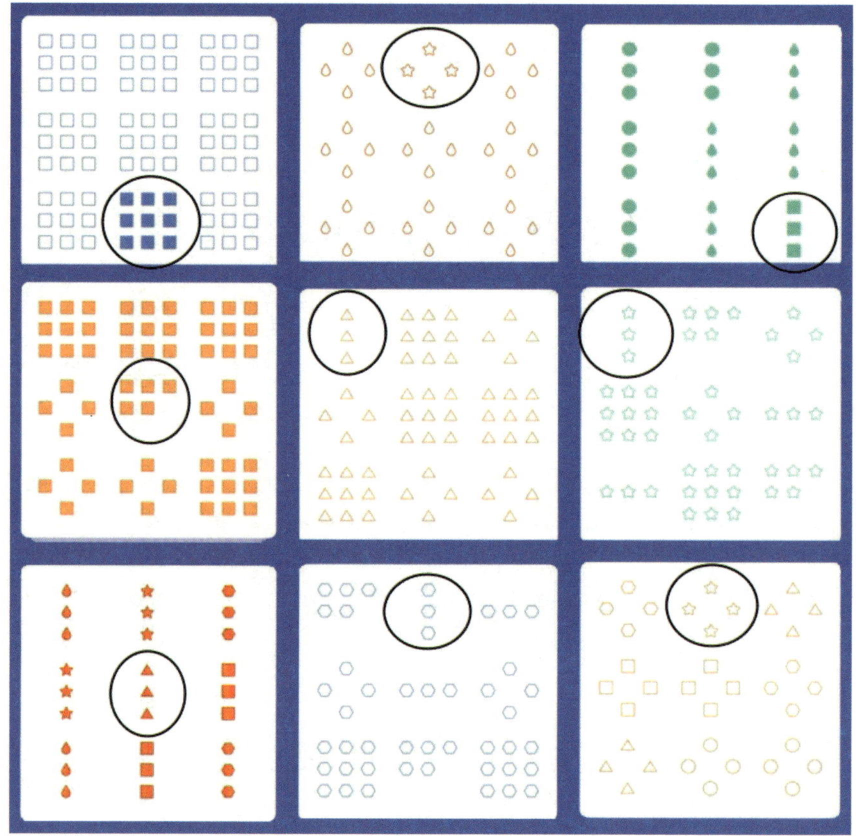

（二）专注力五个维度的测试报告

持续性注意力测试报告

※ 优秀

你的持续性专注力很强。即使长时间地学习，你依然能够保持高度的集中。研究表明，在日常生活中，持续性注意力会帮助你减少半途而废的行为。注意适当休息，疲劳会降低效率。

※ 良好

你的持续性注意力水平一般。在整个测试中，你基本上能够保持适中的专注度。但是随着时间的延长，对你来说，保持专注可能会变得有些困难。避免不必要的分心，注意中间休息，会让你的效率更高。

※ 有待提高

你需要适当调整你的持续性注意力了。一个人如果身体健康，精力充沛，就会在学习和工作中全力投入。相反，一个人处于疲劳、疾病或者情绪低落的状态时，注意力就无法保持稳定，学习和工作效率也会大大降低。所以，可以通过加强体育锻炼来提高你的持续性注意力。

选择性注意力测试报告

※ 优秀

你有很优秀的选择性注意力。一个人不可能在一个时间段内只承担一种任务，往往需要同时完成多个任务，这样就会出现相互干扰的状况，比如做一件事时会突然想起另外一件没有做的事情，心烦意乱，进而耽误了手上的事情。而如果你能在压力下分清轻重缓急，就说明你有过人的定力和抗压能力。你能够非常轻松地鉴别目标和干扰，并且能够在执行任务时保持精神高度集中。

※ 良好

你的选择性注意力还不错。在不同的干扰和噪声中，你能做出正确的选择，保持专注。但是随着干扰的增多，你处理起来也许会有一些吃力。但是你的潜力很大，多加训练一定可以提升选择性注意力的水平。如果能排除外界的干扰，你会更加高效地完成指定的学习任务。

※ 有待提高

你需要提高当下的选择性注意力。身边的事物很容易让你分心。

这可能会成为你实现目标的障碍。研究表明，人们需要选择性地将注意力放在重要的认知活动上，同时过滤掉不必要的干扰；若注意力控制不好，便容易导致行动控制不佳等。

转换性注意力测试报告

※ 优秀

你在转换性注意力维度上表现优秀。你可以快速高效地将注意力从一个活动转换到另一个活动。这说明你是一个头脑灵活的人，能快速适应新环境、新变化，在新的任务中能以最快的速度完成理想的目标。

※ 良好

你在转换性注意力维度上表现较好。在不同任务之间快速转换是你的强项之一，这意味着你对新任务的适应能力较强。同时你也喜欢挑战，享受在不同任务或活动之间来回转换。你的思维灵活性也较好，能够用多种方法获取需要的信息。

※ 有待提高

提升你的转换性注意力将对你总体注意力的提升有很大帮助。转换性注意力的分值较低意味着，当新的挑战出现时，你很难调整自己的注意力去适应改变。同时它也会影响你的大脑灵活性，阻碍你快速适应新的变化。但是这些都是可以改变的。研究表明，在需要注意力转移的时候，明确的转移信号提示可以帮助大脑处于兴奋和唤醒状态，灵活迅速地转换注意对象。所以可以尝试给大脑更多明确的提示。多加训练，你也可以做到轻松转换。

分配性注意力测试报告

※ 优秀

你拥有非常棒的多任务处理能力。在你工作或者学习的时候，需要接触到大量的知识和信息，你强大的分配性注意力使你能够有效地管理和处理这些知识和信息，并且采取相应的行动。

※ 良好

你的多任务多信息处理能力还不错，你有潜力提高自己的分配性注意力，让自己提高处理信息的能力。通过不断训练，你会变得越来越熟练，这样在处理多任务的时候可以提高效率和准确度。

※ 有待提高

你在分配性注意力的维度上得分较低，说明你不太适应同时执行多项任务，或者同时接收来自不同渠道的信息。改善和提高分配性注意力会帮助你在日常生活中更加自信，学习时也更游刃有余。把任务分成多个步骤并按优先级排序，会让你更加有条理。

观察性注意力测试报告

※ 优秀

你在观察性注意力的维度上得分很高。你一般能在很短的时间内，清楚地觉察到别人发现不了的细节，在学习上，这项能力可以帮助你快速将每个容易混淆的知识点厘清，在别人容易出错的细节题上你能够达到较高的准确率，这是你独特的优势。

※ 良好

你拥有良好的观察力，一般情况下你能察觉到自己所处的环境、氛围和周围人的情绪，在学习上则能较好地吸收书本所传递的重要信息。这项能力对于维持良好的人际关系及较好的学习能力都很有益处。

※ 有待提高

你倾向于带着某种明确的目的学习和生活。除了这个目的，你通常不会在其他方面给予很多关注。你可以尝试着在下次采取行动

当我们专注地研究人类生活的空虚，并考虑荣华富贵空幻无常时，也许我们正在阿谀逢迎自己懒惰的天性。

——休谟

之前，设定一个明确的目标和计划来训练你的观察力，并使其成为一种习惯。

想进行更多专注力维度测试，请关注扫描下方二维码微信公众号“霸霸来了”。

二、大脑走神，人生就会走样

（一）情绪有它自己的想法

小天同学是一个性格内敛的人，他不习惯成为人群的焦点。每次，老师要求同学们作口头报告或汇报展示都会让他备受折磨，因为他非常惧怕公共演讲。有一次在全班的同学面前作口头报告，小天说话声音特别轻，底下的同学都自顾自地说话，他感觉很没面子。又有一次，小天鼓起勇气放大了声音，但是一紧张，语速太快，结果同学们都跟不上他的进度。还有一次，他准备不充分，舌头便一直打结，口误连连，台下有几个同学直接笑出声音。虽然同学们并没有恶意，但他觉得周围人都在嘲笑他说话说不利索。渐渐地，每次需要演讲时，他就会感到害怕，担心又会以失败收场，这种焦虑导致小天对公共演讲的排斥感更加强烈。慢慢地，一遇到公共演讲，小天就会唉声叹气、自怨自艾；连上课时举手发言，也变得很少了，他担心自己说错话成为同学的笑料；有时甚至认为自己“一无是处、毫无价值”。这样片面的自我否定导致小天慢慢有了自卑、自弃等负面情绪，小天越来越不敢在公共场合发表自己的看法，也越来越独来独往，回避与同学们交流，错过了很多机会。

这是因为小天在开始时缺少对自己的情绪的觉察，导致情绪的累积和最终的爆发。其实，在日常生活中，我们每个人都有各种各样的情绪。想一想，当你夺得比赛冠军时，你是否会感到开心和自豪？当你被朋友误解时，你是否会感到伤心和委屈？当你在学校被老师点名批评时，你是否会感到失落和羞愧？学生时代的我们，偶尔会在学业中迷茫，会为人际交往感到烦心，会对未来感到困惑，由此产生各种情绪问题。而这些情绪问题不仅关系到我们的身心健康，还可能对我们的学业与发展产生负面影响。因此，为了避免情绪问题阻碍我们健康成长，学会管理情绪十分必要。

如果未能察觉自己的情绪波动，就会把情绪当作敌人，最后深陷负面情绪的沼泽之中。学习生活中遇到不顺心的事情时，我们会把自己推入情绪困境，长此以往，会产生更多的负面情绪。而如果我们能够觉察到自己的情绪波动，就可以客观地认识自己的情绪，从而对自己更宽容一些。比如，如果在校园里看到一位平时不太熟悉的同学向你迎面走来，你冲他笑着打招呼，可他却擦肩而过，没有回应你，甚至没有正眼看你，仿佛把你当空气。此时，你心里可能有些憋屈，有些生气，觉得这个同学是故意不理人。如果你放任这种负面情绪滋长，你可能会猜测这个同学故意给你脸色看，是不是自己哪里得罪了他，导致他对你的印象不好，所以才不正眼看你。只是一次没打招呼，你就有可能在无端的猜疑中引发巨大的情绪波动。对于自己波动的情绪，采取消极的态度是不可取的。比如小天害怕作公共演讲，而有门课要求期中必须作一个课题展示，因此他每天异常焦虑，但其实最坏的结果无非是演讲时咬了舌头出了糗。正因为他陷入了消极情绪，才会有不理性的想法，甚至感觉周围的同学、老师都在嘲笑他，他觉得糟糕至极、无法接受，最后选择了逃避。

情绪对专注力有很大的影响，当人产生焦虑、紧张、不安等情绪时，心里就会一直想着影响自己心情的事，很难将自己的专注力集中在工作学习上。只有掌控好自己的情绪，工作效率才能有保障。当你拥有可以排除负面情绪的能力，变成一个云淡风轻、宠辱不惊的人时，你自然就可以做到该专注时专注，很快进入到工作或学习的状态。良好的情绪能够提高你的学习积极性，并最终提升学习效果。如果能够掌握正确的情绪管理方法，并且不断地练习，你也会逐渐成为情绪

一个高中文科的学生，与其囫囵吞枣或走马观花地读十部诗集，不如仔仔细细地背诵三百首诗。

——朱自清

的朋友。管理情绪就像弹钢琴一样，通过不断训练，多难的技法都能变得熟练起来，每个人只要经过适当的训练，就能够得心应手地管理情绪。

如果能够管理好自己的情绪，每天保持愉快的心情、乐观开朗的态度，也会吸引周围的人与你建立友好的关系，缩短彼此的心理距离。不仅如此，积极的情绪力量对你的身体健康和心理健康也有极大的好处。在本书的第二章，我们会讲述正确认识情绪、管理情绪的方法，让我们一起学习情绪调控的方法吧！

（二）如果不追赶时间，你就会被时间追赶得无路可退

“赶快去收拾书包！别磨蹭了！”小丁的妈妈怒吼道。她看到小丁晚饭后还守着电视机，《熊出没》都已经放片尾曲了，可小丁还盯着电视机一动不动。丁妈妈无奈之下，只好拿起遥控器把频道转成《今日财经》。小丁埋怨了妈妈，然后心不甘情不愿地回到自己书桌前。明天是9月1日，漫长的暑假就要结束了，然而小丁却没有一丝迎来新学期的兴奋。他垂着脑袋站在书桌前，暑假作业的最后一篇读后感还没写完。别提写了，他连书都没读完呢。暑假一开始，妈妈已经买好了几本书，两个人也定好了可行的读书计划，当时想着一天读一章节，读完一本就写一篇读后感。结果暑假在上兴趣班、出去玩和睡懒觉中不知不觉地溜走了。妈妈看到小丁在房间里一动不动，正想督促他快点收拾书包，却瞥到书桌上干干净净的作文册，问过之后，气不打一处来，心里嘀咕道：“小丁这孩子凡事都拖到最后，为什么就不能把时间好好规划一下呢。”

不主动学习，把 2 个月的作业攒到最后 3 天的小丁，其实并不是特例。相信你在生活中也遇到过别的小丁。有的“小丁”明天就要

考试，而面对没复习完的讲义却怎么也学不进去，用手机看个时间却刷起了朋友圈；有的"小丁"定好计划2个月背完考托福的单词，到头来却只翻开A的单词列表；有的"小丁"办好了健身卡，然而塑身计划却一拖再拖，最后健身卡到期了也没去过几次健身房；有的"小丁"早就知道这周轮到自己作组会报告，然而直到开会前3小时才开始做PPT，每次演讲都是即兴。这些"小丁"们怨恨自己，为什么不珍惜时间，明明制订了完美的计划，却总是明日复明日，面对自己无法追回的时间陷入深深的自责，焦虑到睡不着，第二天更加崩溃！

很多人戏谑地声称自己患上了"拖延症"，那么，到底什么是拖延呢？拖延（procrastination）的拉丁文是"procrastinationem"，"pro-"词缀的意思是向前推，"crastinus"意为明天的事情，所以整体意思是"将事情推至明天"，这与清代学者钱鹤滩写的《明日歌》的主题不谋而合："明日复明日，明日何其多！我生待明日，万事成蹉跎。"拖延其实是个很普遍的现象，18世纪英国大作家塞缪尔·约翰逊曾写道："我们一直推迟我们知道最终无法逃避的事情，这样的蠢行是一个普遍的人性弱点，它或多或少都盘踞在每个人的心灵之中。"他的一生卓有成就，编成了《英语大辞典》，编注了《莎士比亚集》，可以说是格外勤勉刻苦了，但他仍在自己的散文中写道：自己昨天就想完成的篇章至今还在脑袋里，未曾落笔，宁可在书稿前发呆，也不想创作。胡适的留学日记也让人忍俊不禁："7月4日，新开这本日记，也为督促自己下个学期多下些苦功……7月13日，打牌。7月14日，打牌。7月15日，打牌。7月16日，胡适之啊胡适之！你怎么能如此堕落。"

拖延症看似普遍，但我们也不能放任自流。因为多看了两分钟电视而把某一天的事情推到第二天，最后导致个人长期计划的失败，很多严重的拖延症其实往往源于对自己小小的纵容。患上“拖延症”不会自动痊愈，“病情”反而会蔓延、加重，如果不加以自控，很有可能损伤个人的自信甚至导致自控能力降低。心理学家将拖延者的活动分成6大类，学业、工作、家务、社交、财务和个人呵护，这6类拖延会互相影响。约会一直迟到的人可能渐渐对学业也变得不细心，工作上能拖再拖的习惯可能会延续到家庭生活中，比如堆满脏碗的水池。随着年龄的增长，拖延的习惯更难改变。很多家长都抱着自己孩子还小的侥幸心态，以为长大后孩子自然而然就懂事了，能分配好自己的时间。殊不知，如果不学会时间管理的方法，拖延的症状只会愈加严重。失去了对时间的掌控力，到最后，不仅在情绪上陷入无力感，甚至专注力也受到影响，进入恶性循环。这个怪圈通常是这样的：在刚接到一个任务后，兴致勃勃地准备大干一场，“这次就早点开始吧”，订好计划后，准备酝酿一下工作的情绪，便整理一下桌面，玩玩手机，发现时间还早，“稍微推迟一会也没事”，最后发现，时间完全不够了，“我做不完了”，于是又坠入了深深的自责和无助之中。

到底为什么有些孩子可以高效地安排自己的时间，而有些孩子非常抗拒时间管理，一拖再拖？其实拖延症和专注力密不可分。若一个人全神贯注地从事一项任务到忘我的境界，并不会有

> 一个人应该总是考虑他正在做的事，在学习的时候不应该去想着游戏，在游戏的时候则不应该想着学业。
>
> ——切斯特菲尔德

"熬"时间的倦怠感，希腊心理学家米哈里·契克森米哈赖（Mihaly Csikszentmihalyi）将这种专注状态称为"心流"[①]。如果一个人专注力不够强大，做事情三心二意，很快就会感到倦怠。有的人拖延或许是因为观察性注意力稍弱，错误地预判了未来；有的人是因为分配性注意力不强，未能合理地安排时间；有的人是因为没有运用好自己的选择性注意力，花了大量时间做无用功，没有将时间用在刀刃上。

当然，拖延并不是"不治之症"，在我们理解了拖延的原因之后，适当提升对应的专注力，并配以高效的时间管理方法，就一定可以改善并战胜拖延。在以后的部分，我们会具体介绍时间管理法（efficiency），帮助你提高时间的利用效率。专注于现在，将时间视为宝贵的合作伙伴，而不是与你唱反调的竞争对手。

（三）给你的身体"加油"

"我饿了！我饿了！"4点钟，小钟放学后回到家，放下书包就嚷嚷着自己饿。他不喜欢吃学校里的午饭，放学路上买了点小零食也不解馋。可是爸爸妈妈还没下班，晚饭至少还有两个小时。小钟在厨房里翻箱倒柜地"觅食"，发现了薯片、糖果，打开冰箱还找到了他最喜欢的香草味冰激淋和可乐，"哇，这可比正儿八经吃饭开心多了！"小钟把这些零食统统抱回自己的房间，边翻着漫画书边吃着这些垃圾食品。糖果拆了一包又一包，五颜六色的糖纸散落了一地，搭配着可乐和冰激淋，一大袋家庭分享装的薯片也全部入肚，小钟舔舔手指上的薯片碎屑，感觉心满意足。等到爸妈回家后开饭时，小钟看

---

① Mihaly Csikszentmihalyi. *Flow: The Psychology of Optimal Experience*. New York, NY: Harper and Row.

着桌子上的菜完全没有胃口。他随意扒拉了两口饭，青菜一点都没有碰，被爸妈批评了几句挑食，又强行多吃了几口，整个胃里却感觉翻江倒海。晚饭后他正准备开始做作业，却怎么都提不起精神，只是觉得反胃，就躺到了床上。到了 9 点多钟小钟终于感觉好些了，这才起床开始写作业。桌上摊着空白的习题集，小钟做了两道题，却觉得自己脑子里迷迷糊糊的，手仿佛不听使唤，眼睛也快睁不开了……但作业明天一早就得交，他只好继续熬夜，胡写一气。

该吃饭的时候不好好吃饭，该睡觉的时候没有睡好觉，最后会有什么结果呢？因为精神状态不好，小钟的作业准确率不高，不仅没有通过写作业温习、巩固白天上课的知识点，第二天还被老师批评了一通，打击了他接下来的学习积极性。同时因为睡眠不足，小钟无法按时起床，耽误了早上宝贵的时间，书包来不及整理，早饭没时间吃，慌慌张张地上学，脑袋一天都昏昏沉沉的。这样长期循环往复，小钟的作息规律和饮食结构都被打乱了，精力跟不上，最后不仅学习成绩下滑，身体状况也亮起红灯。

其实，很多人都忽视了精力管理这一重要的人生课题。有的同学不喜欢学校的饭菜，不好好吃饭，可是“人是铁，饭是钢，一顿不吃饿得慌”，最后肚子饿得咕咕叫，大脑仿佛一辆没有油的汽车，无论如何也转动不起来，下午的课程完全没法好好听讲。有的同学非常上进、要强，他们挑灯夜战，每天不到凌晨不睡觉，恨不得把一天当成两天用，却鲜有成效。有的同学面对第二天的考试，明明很困，可就是翻来覆去睡不着，睁着眼睛到天明，第二天更是没有精神。有的同学明明睡了很久却不解乏，早上继续赖床，为了节省时间就没有吃一顿营养丰富的早饭，结果学习时感觉昏昏欲睡。有的同学不喜欢户外活动，体育课能偷懒就偷懒，从来都不锻炼身体，长时间地坐

人总是适应自己的境遇的，早晚会忍受生活的平庸。

——巴尔扎克

在课桌前低头看书、做题，结果腰酸脖子疼，小小的年纪就要去医院检查……

一个人如果不能科学地分配自己的精力，就会导致持续性注意力下降，学习表现也不尽如人意。其实每个人每一天，都可以从饮食、睡眠、运动、冥想这几个方面下点功夫，做到既能科学饮食，又能够适度休息。

只有体能、作息、膳食都管理好了，你的精力才能更好，能把注意力聚集在所做的事情上，能够长时间地专注于某件事，收获更强的持续性注意力。当精力管理不善时，持续性注意力就会亮起红灯，你会在工作、学习上感觉心有余而力不足，学习一会儿就注意力分散，想记住的东西过目就忘。而当精力管理得当时，你处理任务的速度能趋近于接收速度，你的思维能快速跟上事情的发展，从而成为一个专注、高效的人。如果能够吃得好、睡得香，劳逸结合，渐渐地，你也会收获超强的专注力和极高的学习效率。

（四）一场干扰与意志力的拔河比赛

五年级 3 班的教室里有一个奇观，那就是小杨同学的书桌。在一排排干净整洁的座位中，只有她的书桌堆得乱七八糟，仿佛是一个岌岌可危的建筑物，随时都可能倒下。她的书桌上堆着两沓书，把课桌占得满满当当。平时如果用到文具，大部分时候她都是向周围的同学借，因为她很难在第一时间找到这些“宝贝”，不知道文具夹在哪本书里，或者塞到了抽屉的哪个角落。

老师、同学都直接或间接地示意小杨同学整理一下自己的书桌，可是小杨同学却不以为然，她觉得虽然很难迅速找到每个东西，但她心中大概有数，“总归是可以找到的！而且我节省了不少收拾东西的时间呀”。小杨也不觉得自己生活在垃圾堆中，平时要做作业了，就把两沓书合并成一沓，留出半个书桌用，写作业时缩手缩脚不敢乱动，时不时地瞅瞅旁边这沓书，生怕把这个“危楼”打翻了。后来，学期逐渐进入尾声，小杨越来越找不到东西，老师要交一个作业，她记得自己明明做完了，却找不到那本作业本。考试前小杨想要复习错题，可是相关学科的试卷都找不到几张；有的辅导书翻出来一看，一片空白，完全没有写过，她自己都忘了原来还买过这本书。后来，书桌上的水杯不下心被碰倒了，水漫金山，整个“危楼”一片狼藉。小杨的情绪也越来越急躁，她觉得自己改不掉丢三落四的毛病了，还总觉得周围人在催促她、埋怨她，甚至嘲笑她，成绩也不断下滑，生活也是乱七八糟……

小杨生活在一片混乱的学习环境之中，自然没有办法专注。我们都知道，环境在一个人的成长道路上起着至关重要的作用。小杨前面坐着班级的学习委员小李，她的书桌干净整洁，课本、习题集都分门别类地理好，整齐地放在抽屉里。每次老师发作业，或者进行随堂测试，小李都能快速做好准备，静下心来答题。小李总能在嘈杂的环境中找到自己的一片净土，专注于眼前之事。她的成绩自然也不用提，每次都是班级第一。

相信每个同学都想成为生活、学习中井井有条的小李，而不是邋里邋遢的小杨。的确，拥有一个干净整洁的学习环境非常重要，

一个人不能骑两匹马，骑上这匹，就会丢掉那匹。聪明人会把凡是分散精神的要求置之度外，只专心致志地学一门，学一门就要把它学好。

——歌德

这能让你排除一些不必要的干扰。有的同学遇到一点点干扰因素就会走神儿，难以把注意力收回来，这时候就需要把杂乱的环境清理好，在一段时间里专注地处理一件事。比如，在学习前将需要的书本整理好，将桌面收拾整理干净，手机等电子产品调成静音放在抽屉里。而高效作业除了需要一张干净整洁的书桌之外，还需要自己内心的平静与专注，可以在心里对自己说，接下来的 1 个小时内写作业或者温习功课，周围同学说话聊天你不要接茬。只有科学地调节、排除干扰因素，不被外界环境或者内心杂念影响，才能真正做到静心学习。

营造一个良好的学习环境，不仅需要每一位同学好好维系，也需要老师和家长的共同努力。通过了解、观察、改善周围的环境，营造出一个可以提高专注力的学习环境。排除干扰法尤其有助于锻炼选择性注意力和持续性注意力，在写作业的时候要努力让自己专注，有意识地保持专注的状态，而不能放任自己神游太虚。[①]

① Tams, S., Thatcher, J., Grover, V., & Park, R. (2015). Selective Attention as a Protagonist in Contemporary Workplace Stress: Implications for the interruption age. *Anxiety, Stress, & Coping, 28(6),* 663–686. doi:1080/10615806. 2015. 1011141.

三、一切都未写好，等你自己创造

（一）不要活在别人的标准定义里

父母是孩子的第一任老师，然而并不是每一位父母都能在孩子成长的过程中成为合格的老师。在日常生活中，总有一些缺乏耐心的父母这样质问孩子：“你为什么不能专心学习，不能专心写作业呢？”“你上课是不是没有认真听讲？心里是不是只想着玩耍？”“你怎么这么不上进，一点进取心都没有！”

在有的父母看来，专注是一件轻而易举的事情——无论父母是否了解专注力的五个维度，是否了解自己的孩子，他们总是擅长发现孩子的缺点和过失，对孩子的优点却经常后知后觉，甚至视而不见。当父母以成年人的标准衡量孩子，并给孩子贴上负面标签时，不仅会打击孩子的自信心，让孩子活在“我不专心、我不认真”的消极心理暗示中，还会让孩子渐渐适应这种负面的环境——活在别人的标准定义里，以别人的标准来评价自己。

孩子的自我意识和自我认知的能力需要时间搭建，青少年时期，其行为和思想很容易受到外界环境的影响。如果父母、老师及身边人给予孩子的评价总是负面的，那么他很容易陷入自我否定的恶性循环，因为缺乏认同感而产生痛苦悲观、焦虑的情绪。现实生活中，很多孩子往往会因为一句无意的嘲笑或者无心的抱怨而闷闷不乐，甚至开始怀疑自己、否定自己。比如，今天父母对孩子说：“你从回到家开始，到现在已经学习了好几个小时，怎么还是在背这一篇文言文？这么长时间却连篇文言文都背不熟，专心一点就那么难吗？”这时孩子通常就会很纠结，想着：“我确实一直都没有背会这篇文言文，我怎么会这样呢？是我的智商不够高吗？”带着自卑和愧疚的情绪继续学习，孩子真的能专注吗？时刻在意别人是否会接纳自己、肯定自己的孩子如何能在学习的过程中保持全神贯注？当这些杂念占据内心的时候，孩子需要分一部分精力来处理内心的焦虑和压力，分给读书学习的精力必然会减少，在这个过程中损害的不仅仅是孩子的精力和专注力，还有孩子的自尊心和自信心。

对孩子来说，他们的体验和经历都会成为自身成长和进步的养分，在父母、老师适当的引导下，负面的评价和体验也可以成为孩子成长的契机，因此，父母和老师在孩子成长的过程中需要引导他们正确面对他人的负面评价，而不是将他人的评价当成标准，始终活在他人的标准定义里。正如艾莉诺·罗斯福所说：“未经你的同意，没有人能使你感觉卑微。”人生并不是一道数学题，没有人可以给出标准答案。我们可以倾听他人的想法，也可以将别人的评价当成自我反省的“镜子”，但一定不能将别人的评价当成“标准答案”，不考虑每个人的特殊性而套用在自己身上。尤其是涉世未深的孩子，父母应该妥善引导他们建立自己的评判标准，不因为别人好的评价而沾沾自喜，也不因为别人不好的评价而自卑难过。要知道，我们不可能符合所有人的标准定义，也不可能完美到让所有人都满意。

歌德也曾经说过：“每个人都应该坚持走为自己开辟的道路，不被流言吓倒，不被他人的观点牵制。”在生活中，那些真正优秀的人，往往拥有明确的自我意识，知道自己的优势在哪里，也知道自己哪些地方不足，很少会被他人的评价影响。当然他们也会听取他人的评价和意见，但是这些都不会影响他们独立思考的能力。我们需要听取别人的评价和意见，但也不能过分在乎。要知道，生活

把专注力集中在你要达成的目标上，而非你所恐惧的事情上。

——安东尼·罗宾

的重点在于自我取悦与自我成长，家长应该与孩子共同成长，培养孩子拥有自我评价和独立思考的能力，从而帮助孩子树立信心，活出自己的风度和精彩。

孩子也需要在生活中逐渐明白，别人的评价不能作为衡量自己的标准，不要将那些负面评论——“不专心”“不认真”“不努力”“不上进”等作为自己的标签。通过自身的努力和坚持，你一定能够在专注力的五个维度上获得提升，一步步沿着你的成长之路前行！

同时，父母也要学会转变观念，当孩子能够集中注意力做一件事时，哪怕最终没有获得期待的结果，也不要一味指责、埋怨。请蹲下身来，学着从孩子的角度去看待每一次体验和学习，摆正自己的心态，要知道专注的过程比结果更重要。作为父母，请鼓励孩子专注的这个过程，他们收获的可能是自在和快乐，也可能是比昨天的自己更专注了一些。这些看不见的体验和微小的进步，远比可见的结果更重要。

（二）敢想、更要敢做，现在就开始行动吧

孩子的成长之路就像一场马拉松比赛，一路上会有支持与鼓励，也会有困难与阻挠。外界的负面评价、自我怀疑和否定、学习上遇到的困难和挫折、父母的不理解和质疑，这些都是孩子前进道路上的障碍物，会让孩子跌倒、哭泣、与同伴拉开差距……马拉松的魅力很大

程度上就在于它的长度和不确定性，每个在赛道上奔跑的孩子都拥有无限的潜能。如何让孩子跨越这些障碍物，并将其作为“跳板”，从而实现飞跃式成长呢？那就要敢想敢做，勇敢前进，从黑暗走向黎明！

第一步：树立信心，拒绝标签

如果孩子已经下定决心提升自己的专注力，并且在父母的引导下成功树立了信心，那么在遇到困难和阻碍的时候，便能够面对并想办法解决。相反，缺乏自信的孩子总认为“不可能”“做不到”“自己不行”，他们一旦遇到困难和阻碍便会畏惧、退缩，最终落于人后。提升专注力的第一步就是树立自信，只有敢想敢做，一切才有可能。

第二步：与过往的失败经历说“bye-bye”

很多孩子都被过往的失败经历困扰，长时间无法释怀。比如，某次重要考试上漏答了题，觉得自己努力学习了很久，但名次却没有提升，反而还下降了。尽管这些失败经历都是过去的事情，但是在某些时刻，它们还是会跳出来提醒孩子，“你曾经失败过”，让孩子无法摆脱过去的阴影，更无法以轻松自然的状态投入学习。

这时候，父母就应该帮助孩子一起面对，并且引导孩子进行反思：为什么会遇到这些问题？这些问题我之前是否也遇到过，遇到之后是如何解决的？之后如何避免这些问题？在这次经历中我能获得什么经验与教训？下一次如何做得更好？通过反思，挫败的经历反而会成为孩子改变的契机。那些不顺利的经历就如同黎明前的黑暗一样，无论孩子在黑暗中经历了什么，只要他鼓足勇气持续前进至黑暗与黎明的分界线上，勇敢地与过去的不尽如人意说“bye-bye”，就能迎接清晨的阳光和温暖，获得积极向上的力量。

第三步：持续的行动是成长的必经之路

与过去的不如意告别后，便是迈向崭新的成长之路。所谓成长，就是不断向前，不断采取行动，永远走在路上。如果只有尝试的想法，而没有探索的行动，自然无法获得实实在在的成功。这就像房间越来越脏乱，菜园里杂草丛生，如果没有人打扫房间、清除杂草，就不可能拥有整洁的房间和菜园。所以，孩子不仅要有积极阳光的心态，还要勇于采取行动。

这里要提到“飞轮效应”，如果你想让静止的飞轮转动起来，就要用很大的力气，一圈一圈反复地推，虽然每转一圈都很费力，但是每一圈的努力都不会白费，飞轮会因此转得越来越快。当飞轮的转动达到很高的速度后，其动量和动能就会很大，便能够克服较大的阻力维持原有的运动。起初，持续行动可能不会产生明显的效果，但是，长时间的努力和积累往往会带来巨大的飞跃。然而，大多数人都很难熬过前期的缓慢甚至凝滞的过程，因为这个过程十分艰辛，有时付出却看不到结果，努力却不清楚自己是前进还是后退。但是，只要持续行动的时间足够长，在“飞轮效应”的影响下，持续行动者终将获益无穷。

当然，付诸行动并不是毫无章法地直接动手做。行动之前，还必须要有目标和计划，更要有切实可行的方法。这才是行动的基础和保障。接下来，我们将介绍 Me^5 模型系统，它将帮助父母和孩子找到提升专注力的具体方法。

> 培育能力的事必须继续不断地去做，又必须随时改善学习方法，提高学习效率，才会成功。
>
> ——叶圣陶

Chapter Two
只有精力充沛，才能持久地专注于学习或工作。

第二章

Me^5 模型

——磨炼专注、解锁人生

导语：认识一下你的得力助手—— Me^5 模型

在专注的状态中把一件事情做到极致，胜过平庸地做一万件事。通过 Me^5 模型（如下图所示）技巧与方法训练，可以帮助我们达到高度专注力的状态。在这种状态下，你的成功概率将指数级增长，"心想事成"不仅是一句祝福语，更是一句准确的预言。

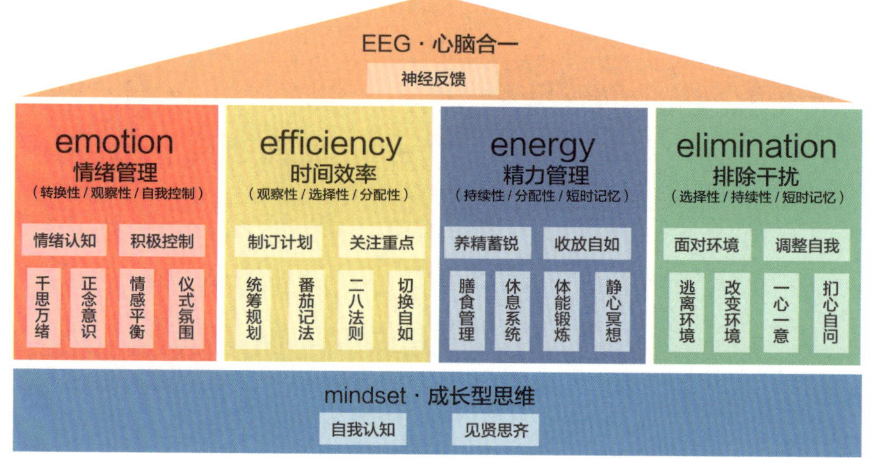

Me^5 模型

Me^5 模型就像一幢房子。成长型思维（mindset）是房子最底部的基础，在学习"自我认知"的过程中，可以更加深入地了解自己的思维方式，脱离固定型思维的束缚；"见贤思齐"可以帮助我们一直处于前进的过程中，不会为自己过去的成功沾沾自喜、停下探索的脚步，而是永远怀揣着旺盛的好奇心激流勇进。成长型思维无论对学校的学

构成我们学习最大障碍的是已知的东西，而不是未知的东西。

——贝尔纳

生，还是对已经进入职场多年的家长都会有很大的启发和帮助。它是父母与孩子共同学习、共同成长的契机和开始。

支撑房子的四根柱子是提升、修炼自我的 4E 法，分别是情绪管理（emotion）、时间效率（efficiency）、精力管理（energy）和排除干扰（elimination）。情绪管理板块从“情绪认知”和“积极控制”两方面着手，帮助学生有意识地觉察并认识自身的情绪，最后达到接纳自我的目的。时间效率板块会帮助学生学习如何制订科学合理的计划，将有限的精力和时间放在真正重要的事情上。精力管理板块会帮助学生实现精力最大化，并且达到有意识地控制分配在各种事情上的精力，做到真正意义上的“收放自如”。排除干扰板块会帮助学生学习如何最大程度地减少干扰，既能面对纷繁复杂的外部环境，又能面对、整理内心的困惑和疑虑，透过现象察觉本质，不断调整自我。

Me^5 模型的房顶是 EEG 心脑合一，通过神经反馈训练成长为一个可以自如地操控大脑的高效能人才。

一、成长型思维 (mindset)——始终相信能力是可以培养的

1. 想要做出改变获得自我成长，却又害怕挑战，如何走出舒适区的“怪圈”？

2. 当一件事情发生后，隐藏在水下的"冰山"是什么样子呢？

3. 考试不是结束，而是开始。那么如何制定长远目标，提升自我格局？

《星球大战》中的尤达大师说过："注意即现实。"换言之，你关注的是什么，你看到的就会是什么。当我们能够使用成长型思维来理智看待现在的自己与未来的自己时，乐观、自信、积极的能量就会随之注入内心，驱使我们正确认识自我。因此可以说，成长型思维模式是培养专注力的基础。

（一）成长型思维：源源不断的内在驱动力

思维的形状，决定人生的色彩

孩子能否专注地做好一件事情，通常会受到思维模式的影响。

思维模式就像大脑的"指挥官"，决定了孩子的思考方式和行为方式——如何面对困难或挑战，如何适应逆境。每个孩子的性格、生活环境、教育经历各不同，因此会形成不同的思维模式，那么思维模式对孩子的成长会产生怎样的影响呢？美国斯坦福大学心理学教授卡罗尔·德韦克说："我发现思维模式对孩子的影响，比人们想象得还要大，毫不夸张地说，思维模式正在不动声色地操纵着孩子的人生。"

德韦克教授在《终身成长：重新定义成功的思维模式》一书中，将人的思维模式分为两种：一种是固定型思维，另一种是成长型思维。固定型思维者认为人的能力是先天的、不变的，失败是因为自身的能力有限。固定型思维者不愿意接受挑战，认为考试失利、输掉比赛、被人拒绝等，都说明自己是失败者，并且不懂得从失败中吸取经验以纠正、提高自己。他们害怕出丑，热衷于做自己认为有能力完成的事情。

成长型思维者则认为，人的能力和智力是可以不断提高的，做任何事情都离不开自身的努力。他们喜欢接受挑战，不畏惧困难，懂得从批评和失败中总结经验，通过不断完善、提高自己，获得进步与成长。他们关注如何激发自己的潜能，想办法将事情做得更好。

在两种思维模式的影响下，往往会出现两种不同的人生路线：固定型思维的人只关注目标，只看重实现目标时的片刻感受，在实现目标的过程中，一旦遇到问题和挑战，就会产生挫败感，并且给自己负面的评价，甚至认为自己没有能力完成制定的目标；而成长型思维的人则专注于过程，全身心地投入到手头的事情中，不过多考虑结果是否符合自己的预期，也不评判自己做得怎么样，他们热衷于面对挑战，解决问题，最后发现自己已经和当初设立的目标越来越近了。

德韦克教授为了进一步说明两种思维模式对孩子的影响，还和同事做过一项研究：他们找来一群小朋友，让这些小朋友完成不同难度的智力拼图，并且记录这些小朋友在解题过程中的对话。随着智力拼图难度的不断增加，其中一些小朋友开始责备自己，并且想要放弃，他们给出的理由是“我的记性太差了”“这个拼图游戏太难了”“我根本做不好”；另一些小朋友却始终坚持着，他们坚持的理由是“我喜欢接受挑战”“只差一点点就可以拼出来了”“题目变得越难，我就应该越努力地尝试”。哪怕题目难得几乎解不出来，坚持到最后的小朋友仍旧会给自己积极的心理暗示，“我还可以再试一次”“如果你们给我一点提示，或许我就能够解出来了”。

德韦克教授分析了孩子在面对同样的困难和挑战时采取的不同的思考方式和行为方式，最终得出结论：导致孩子思考和行为方式不同的根本原因在于，孩子看待问题的思维模式不同。拥有固定型思维的孩子，在面对困难和挑战时，认为自己能力有限，会轻易选择放弃；

而拥有成长型思维的孩子，勇于接受挑战，不断尝试，懂得从失败中获取经验。卡罗尔·德韦克教授提出的"成长型思维"这一崭新的概念，对教育界产生了深远的影响，如果父母及老师能够帮助、引导孩子建立成长型思维，将会从根本上改善孩子面对问题时的态度。

从生物学的角度来看，人的大脑和肌肉一样，具有很强的可塑性。大脑中负责传递信息的"突触"，会根据学习经验和环境刺激而不断发生变化。如果有新的信息进入大脑，就会产生新的突触，而在复习已有的知识时，突触的连接会更加牢固。现代生物学研究表明，大脑的可塑性能够持续终生。也就是说，人的思维模式、才智等，永远都可以通过训练进行塑造和培养。因此家长应该与孩子一起了解并培养成长型思维，共同持续受益。

思维的形状决定孩子的人生色彩，或灰暗消极，或明亮向上。成长型思维是 Me^5 模型的基础，也是专注力训练最为重要的部分，培养孩子成为一个拥有成长型思维的人，能够让他们改变自我认知，提升自我，最终成为具有高效专注力的人。

未来是由一个又一个的阶梯组成的

固定型思维者认为天赋就是全部，他们追求的是成功而不是成长，拥有固定型思维的孩子很容易陷入焦虑，担心自己不够聪明、不够优秀，害怕接受挑战，更害怕自己的学习成绩不够好。一旦遭遇挫折和失败，他们便给自己贴上"失败者"之类的负面的标签，失败从一种暂时的状态变成了一种身份认知，因此拥有固定型思维的孩子很难再迈出前进的脚步。

那些拥有成长型思维的孩子，能够努力拓展自己，进而增强生活的广度与深度。在他们眼中，未来是由一个又一个阶梯组成的，每一个阶梯都是一次机遇和挑战，每一次突破都是一种成长，进步和成

> **有信心的人，可以化渺小为伟大，化平庸为神奇。**
>
> ——萧伯纳

长是永不停息的。这也正符合成长型思维的特点——阶梯式上升，从不自信到相信自己，从弱小胆怯走向内心强大，曾经认为自己无法完成的事情，成长型思维会引导他们换一种方式实现，一步一个台阶。在孩子拥有良好的成长型思维的基础上，再结合有效的学习方法，孩子就会持续成长。这是一场没有尽头的马拉松，因为在成长型思维模式中，学习是“终生事业”。拥有成长型思维模式的孩子，会不断推翻旧的认知，学习新的知识，产生新的思想，探索新的领域。

著名社会学家本杰明·巴伯曾经说过：“我不会将世界分成弱和强，或者成功和失败。我只会将世界分成好学者和不好学者。”

（二）了解自己：一切计划开始的前提

解析性格本质：萨提亚冰山模型

培养成长型思维模式的第一步是自我认知。

所谓自我认知，就是了解自己，认识自己。有的人可能会认为，我就是自己，我怎么会不了解、不认识自己呢？事实上，大多数人能够很好地了解他人、了解环境、了解社会，但是对自己的了解程度却不够，这就是当局者迷。

自我认知也是一切计划开始的前提。孩子对于自己的认识，包括自我行为和自我性格的认知。如果孩子不能全面系统地认识自己的行为和性格本质，就很难进行准确的行动计划。

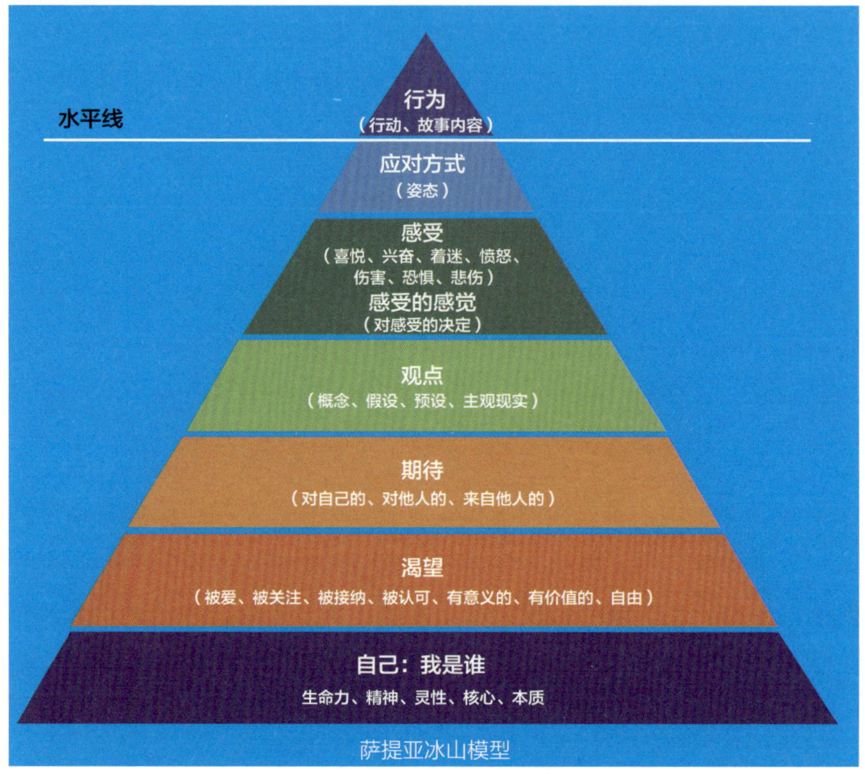

萨提亚冰山模型

根据弗洛伊德的人格理论，人格就像海面上的冰山一样，露出海面的有意识部分只是其中的一小部分，而隐藏在海面之下的无意识部分则占据着整座冰山的绝大部分。

著名的萨提亚冰山模型①，完美地诠释了弗洛伊德的人格理论，能够帮助孩子认清性格养成的多个层次，让孩子掌握“透过现象看到性格本质的方法”，从而更加了解自己。

维琴尼亚·萨提亚是美国著名的心理治疗师和家庭治疗师。作为美国第一代家庭治疗师，萨提亚历来被称为“家庭治疗的哥伦布”，

① Satir, V., & Baldwin, M. (1983). *Satir Step by Step: A Guide to Creating Change in Families.* Palo Alto, CA: Science and Behavior Books.

她还被著名的《人类行为》杂志誉为“每个人的家庭治疗大师”。美国精神医学会曾发布过一篇全美家族报告，列出21位最具影响力的家庭治疗师，萨提亚是名单中唯一的女性，而且位列榜首。“萨提亚冰山模型”是以她的名字命名的一种成长模式。

萨提亚认为，一个人的“自我”就像一座冰山，我们能够看到的只是表面很少的一部分——行为，而隐藏在水面之下更大的山体，则是一直被我们忽略的“内在”。每个人都有属于自己的“冰山”，如果能够揭开“冰山”的秘密，我们便能认识真正的“自我”。萨提亚不相信宿命论，而相信每个人都有选择的权利，每个人都有能力作出自我选择，成为心中的“自己”。这也是成长型思维应该具备的思维基础——选择成为自己想成为的人。萨提亚冰山模型主要包括七个层次的内容，从上到下依次是行为、应对方式、感受、观点、期待、渴望和自己。这七个层次的内容分别代表了什么呢？

“行为”是“冰山”最顶端露出水面的部分，即人们采取的行动、故事内容等。

“应对方式”是“冰山”的水平线，是行为的起点，是对事物的反应态度。

“感受”是人们经历事件后所产生的情感体验，比如喜悦、兴奋、着迷、愤怒、伤害、恐惧、悲伤等。

“观点”是大脑中存在的认知，是人们对事物的态度，包括信念、假设、主观现实、价值观、人生观等。观点是人们通过学习而获得的经验。

“期待”是想要什么、想做什么、希望发生什么。期待有对自己的，有对他人的，还有来自他人的期待。

“渴望”是人类共同的需要，包括被爱、被关注、被认同、有价值、有意义、独立、自由等。

"自己"就是人的本质、人的核心，它决定"我是谁"，也决定了"我与世界的关系"。

萨提亚曾经说过："每个人都有能力找到内心的宝藏，它让我们有能力获得成功，并且成长。"当一件事件发生时，隐藏在我们行为背后的"冰山"是什么样子呢？按照"冰山"模型一层一层地探索，我们最终将找到真实的自己。当孩子揭开了隐藏在自己内心的冰山的秘密后，会了解到自己内心最真实的渴望、期待和感受，从而看到最真的"自我"。运用萨提亚冰山模型，能够帮助孩子探索不同层次的自我，将注意力从行为的表面转向内在，并且从中找到成长型思维所需的正能量。①

找到真实的自己

"萨提亚冰山"自提出以来便在世界范围内广为流传，其根本原因就在于它的系统性和独创性——它能够将问题的根源细化，并且清晰地描述出每个问题背后较深层面的问题。就像爬楼梯一样，我们可以沿着楼梯找到藏在表面问题下的更深层次的问题。

那么，如何运用"萨提亚冰山"帮助孩子进行自我认知呢？家长可以将根源问题分别写在 7 张纸上，然后依次摆放在地上，让孩子扮演"访客"的角色，一步步跨过"冰山"的每一层：首先让孩子站在"行为"的层面上，思考自己的行为和目前困扰自己的问题；然后走到"应对方式"上，思考自己是如何处理这类问题的；之后站在"感受"上，思考这样做之后自己的感受是什么，然后引导孩子思考自己

---

① Satir, V., Banmen, J. Gerber, J., & Gamori, M. (1991). *The Satir Model: Family Therapy and Beyond*. Palo Alto, CA: Science and Behavior Books.

为什么会有那样的感受，原因和影响因素分别是什么；接下来分别站在“观点”“期待”和“渴望”上，思考自己的观点是什么，自己的期待是什么，自己渴望得到什么；最后走向“自己”。结合刚才的分析和体验，思考自己是谁，自己在以上层次中分别扮演着怎样的角色。[①]

在运用“萨提亚冰山”时，可以不采用固定的步骤，但最终一定要落实到“自己”上。这一过程能够帮助孩子了解问题产生的根源，并能够引导孩子根据“自己到底是谁”做出选择。

下面举一个具体的案例以帮助父母和孩子更好地理解萨提亚冰山理论：

初中生小米最近一直处于紧张、焦虑的状态中，无法放松身心，晚上睡不着觉，学习时也无法集中注意力。他为什么会这样呢？原来是因为他的爸爸非常强势和严厉，经常要求他这样做、那样做。他虽然觉得爸爸说得不完全正确，但是又不敢反驳，只能顺从爸爸。这让他内心一直处于激烈的斗争中，时常伴有紧张、焦虑的情绪。随着年龄的增长，小米内心“自己”的部分被压抑得很弱，而“听从爸爸”的部分很强，因此，两部分的冲突越来越激烈。

如果运用萨提亚冰山理论来察看小米的内心会是什么样子呢？

行为：总是顺从爸爸，不敢表达自己的想法。

应对方式：讨好。

感受：紧张、焦虑、无奈和被压抑的愤怒。感受的感受：由于无法接受这些感受，从而产生自责、害怕的心理。

观点：自己的想法微不足道，爸爸说的必须顺从。

---

① Satir, V. (1988). *The New Peoplemaking*. Palo Alto, CA: Science and Behavior Books.

期待：对自己的期待是"顺从爸爸"，对爸爸的期待是"不要生自己的气"，认为爸爸对自己的期待是"与父母保持一致"。

渴望：安全、接纳、爱与被爱。

自己：自我价值感低。

小米的行为表象是顺从爸爸所说的话，不敢表达自己的真实想法，但根本原因在于他内心的三个渴望：安全、接纳、爱与被爱。当他顺从、讨好爸爸时，爸爸就不会生气，还会表扬他，这让他感到安全、被接纳和被爱。然而，由于他自己的意志被忽略和压抑，自我价值感变得很低，因此产生了强烈的内在冲突。

虽然"萨提亚冰山"是由行为、应对方式、感受、观点、期待、渴望和自己组成，但是每个人的"冰山"都不一样，在应对不同的事情时"冰山"也会发生相应的变化。如果父母和孩子能够将自己在原生家庭中的生存姿态代入到"冰山"中，会有助于父母和孩子更好地了解自己。

通常情况下，人在原生家庭中的生存姿态有以下五种类型：

1. 讨好型

这一类型的人重感受，过于照顾他人而又忽略自我，使自己的情绪无法排解。所以，他们最需要重视自己的感受，着重表达：我的想法是什么？我期待你做什么？我的观点是什么？同时，还要从自己的情绪出发，洞察内心的观点、期待与渴望，尊重自己的感受，改变与内心真实想法不一致的应对方式。

2. 超理智型

这一类型的人过分专注于情境和规则，时常忽略对方的感受。他们应该重点关注冰山中的"观点""期待"和"渴望"，通过不断反思来重新塑造“自己”，比如问自己：我可以生气吗？是否允许自己生气？生气对自己和身边的人会产生什么样的影响？

3. 指责型

这一类型的人习惯攻击和批判，他们往往自我价值感低但过分追求完美，那些没有得到满足的“期待”会让他们觉得十分压抑。他们可以放下一些“期待”和“渴望”，也可以降低接受的底线来满足自己的“期待”，还可以选择替代的方式。重点在于看清楚自己到底想要什么。

4. 打岔型

这一类型的人喜欢逃避问题，不愿意正视眼前发生的事情。他们需要进入整座“冰山”，从活动和接触开始，到接纳以后，再进行“冰山”探索。

5. 表里一致型

如果前四种类型都属于“不良模式”，那么表里一致型就属于“优良模式”。这一类型的人会充分考虑自己、他人和情境因素，也就是愿意表达自己的真实感受，愿意聆听他人的想法，同时也会考虑到情境因素。

跨越“萨提亚冰山”，其实是在自我探索。通过萨提亚冰山模型，父母和孩子都能够认识深层次的“自己”：自己的行为是什么，自己

> 无论在什么时候，永远不要以为自己已经知道了一切。不管人们把你们评价得多么高，你们永远都要有勇气对自己说：我是个毫无所知的人。
>
> ——巴甫洛夫

的观点是什么，自己的期待和渴望是什么，自己扮演着什么样的角色，等等。探索这些问题的答案，能够让父母和孩子拥有全新的自我认知——自己到底是怎样的人？自己到底想要什么？自己有能力去满足自己的渴望与期待吗？当父母和孩子找到这些问题的答案时，也就初步建立起了成长型思维。

孩子需要认识自己，需要建立成长型思维，父母也同样需要。父母和孩子都拥有选择的能力，都需要选择不断成长、不断进步的自己。

（三）有样学样：自悟是一条漫长的道路，而榜样是一条捷径

错误和失败，都能让人成长

孩子在成长的路上，会面临各种挑战，无论好与坏，这些挑战都是成长的好机会。

培养孩子的成长型思维，不仅要鼓励他们进行自我认知，不断通过自身的努力获得进步，还要借助榜样的力量，引导他们正确面对错误与失败，从错误与失败中得到教训，以提升自己的能力。

诺贝尔文学奖获得者莫言曾经说过：“人不怕犯错误，犯了错误，如果能带着教育和反思爬起来，错误就会成为课堂。”从某种意义上来说，犯错也是孩子的权利，是成长路上不可避免的事情，是孩子认识和适应世界的一种方式。固定型思维的孩子可能会将犯错当成“禁区”，成长型思维的孩子却会将犯错当成自我提升的“机会”。

除了犯错，挫折也是孩子必须面对的事情。在固定型思维中，挫折意味着失败，是不可逆转的局面。而在成长型思维中，挫折是可变化的，只要态度正确，就有反败为胜的机会。

当孩子犯错或者遭遇挫折时，自悟可能是一条漫长的道路，而

榜样却能够给孩子提供一条捷径。榜样就像一盏明灯，能够给孩子指明正确的方向：当孩子犯错时，榜样会告诉他们错在哪里，如何避免和改正这些错误；当孩子遭遇挫折时，榜样能够给他们重新站起来的勇气和力量，让他们相信自己也可以战胜挫折。

从社会学的角度来看，制造榜样是人类社会创造的一种引导族群的机制，人类可以通过模仿、学习榜样来构建自己的人生目标、生活方式和审美趣味。无论是将榜样当成模仿的对象，还是将榜样当成有意超越的对象，它都能给人类带来成长与进步。

父母是孩子的一面镜子，更是孩子努力效仿的榜样。父母的一言一行，对孩子的影响都很大。一个孩子将来会成为什么样的人，通常取决于孩子的父母是何种层次的人，对孩子进行了怎样的教育。

父母不仅要为孩子树立正面、积极的榜样，同时也要勇敢地做“不完美”的榜样。孩子会犯错，会经历失败，父母同样也会，因此父母犯错或遭遇失败时，以怎样的心态去面对和解决问题将极大地影响孩子面对错误和失败时的心态。

父母除了以身作则，做好孩子的榜样，还应该鼓励孩子做一位“有心人”，平时多注意和观察身边那些专注力较好、学习成绩优异的人。他们的思路、方法和标准都是值得学习的。在遇到困难时，多向榜样学习——他们是如何面对错误的？他们的解决方法是什么？如果同样的事情放在他们身上，他们会怎么想、怎么做？从榜样的身上获得了方法或经验后，还需要将这些方法和经验运用到自己的生活、学习中，唯有行动才能见真知！

在实践的过程中，孩子能够将那些从榜样身上学到的知识和经验转化为自己的“窍门”和“捷径”。这样便能够“在游泳中学会游泳”，把对榜样的学习从“形似”提升到“神似”。

突破圈层，勇敢走出舒适区

培养孩子成长型思维最重要的一步，便是引导孩子突破圈层，勇敢走出舒适区。

每个孩子都有一个适合自己的"心理舒适区"。在这个区域内，孩子会感到放松，不愿意被打扰，有自己固定的行为方式和思维方式。一旦孩子走出这个区域，就会感到别扭、不舒服或者不习惯。虽然在舒适区内，孩子有自己固定的形象和行为模式，能够感到轻松无压力，但是长久处于舒适区内，却会让孩子变得不思进取。

比如，有的孩子长期注意力分散，在课堂上总是走神，写作业也三心二意，但是他们不愿意做出改变，也没有人提醒他们应该做出改变。由于长期处于这样的状态中，孩子在心理上形成了"舒适区"，之后想要改变就会变得越来越困难。

心理学家早就发现，虽然一定的舒适感能够让人表现平稳，但是人们仍然需要一定程度的焦虑——"最佳焦虑"，它能够让人更具建设性和创造性。这种焦虑虽然在舒适区之外，但能帮助人们突破自己的极限，获得成长与进步。

因此，父母应该鼓励、帮助、引导孩子勇敢走出舒适区，去面对不适应，迎接各种挑战。首先，父母可以鼓励孩子通过自身的努力走出舒适区。在生活、学习中，要不怕困难，不怕犯错和失败，突破自己的极限，勇敢尝试、勇于创新。其次，父母应该以身作则，给孩子做好榜样。在生活中不能过于懒散，保持积极乐观，不能意志消沉。除了家长自己做孩子的榜样之外，还可以引导、鼓励孩子找到更合适、更有感染力的学习榜样，那就是同龄人中的典范。

中国有一句古语叫"见贤思齐"，意思是说，看到德才兼备的人，要努力向他看齐，让自己也变得同样优秀。有的孩子学习成绩平平，

> 一个人如果没有任何阻碍，即将永远保持其满足和平庸的状态，那么他将既愚蠢又糊涂，像母牛一样地逸然自得。
>
> ——布朗

很少看到他们努力的样子，这是因为他们始终自我感觉良好，没有意识到向身边优秀的同龄人看齐，也不知道自己离真正的优秀有多大的差距。固定型思维的孩子，会一直活在自己的舒适区，不和他人竞争，不向他人学习，如同井底之蛙一样，满足于现状。

父母应该引导孩子进行思考：如果想像雄鹰一样在天空翱翔，就要向群鹰看齐，努力与群鹰并肩飞翔，而不是与燕雀为伍，整天在枝头嬉戏；如果想像野狼一样驰骋大地，就要向群狼看齐，努力与群狼一起奔跑，而不是与鹿、羊同行，整天在林间漫步。

对于年龄稍大的孩子来说，同龄群体对于他们的影响力往往会大于父母，因为同龄伙伴与孩子的生活、学习环境相似，所经历的事情、所说的话，甚至所关注的电视节目都很相似，这些都让他们更有共同语言。所以当孩子遇到学习或其他方面的能力比他优秀的同龄人时，父母要鼓励孩子虚心向他人学习。

（四）有的放矢：凡事预则立，不预则废

长远目标：瞄准天空比瞄准树梢射得更高

有一年，哈佛大学送走了一批意气风发的特殊毕业生。

他们的智力相当，学历和教育背景相差无几。在走出校门之前，

哈佛大学对他们进行了一次关于人生目标的调查，结果显示：有27%的毕业生没有目标；60%的毕业生拥有模糊的目标；10%的毕业生有清晰但短期的目标；只有3%的毕业生拥有清晰且长远的目标。

25年之后，哈佛大学再次对这批毕业生进行跟踪调查，结果显示：那3%拥有清晰且长远目标的毕业生，在25年间朝着同一个方向不懈努力，几乎都站在了社会的顶层，其中不乏行业精英和政坛领袖；那10%拥有清晰但短期目标的毕业生，大多成为各行各业的专业人才，站在社会的中上层；那60%拥有模糊目标的毕业生，大多安稳地工作与生活，并没有什么突出的成就，站在社会的中下层；而那27%没有目标的毕业生，生活中始终没有找到目标，过得很不如意，经常怨天尤人。其实，这些毕业生之间的差别，仅仅是25年前走出哈佛校门时有没有目标而已。

由此可见，一个人是否拥有强大的内在动力，能否建立属于自己的成长型思维，往往取决这个人是否拥有对未来的美好憧憬，也就是长远目标。当我们致力于实现长远目标时，通常能够激发自己的潜能，付出更多的努力，突破更多的“不可能”。瞄准天空的人，总比瞄准树梢的人要射得高。

很多孩子都曾有过这样的经历：某个目标达成之后，如果没有后续的目标跟进，便会陷入一种空虚无聊的状态，每天不知道该干什么，接下来的日子也变成了一张白纸。中国人讲究“凡事预则立，不预则废”，这句话说的便是制定目标的重要性。孩子有了明确的长远目标，对未来有所规划，才能朝着正确的方向迈进，不断提升自我。

因此，在做事情之前，最好能够给自己制定一个长远目标，然后将它分解成若干个阶段性目标——这些阶段性目标可以不断更迭，每达成一个小目标，都能够让孩子获得成长的动力，使其始终保持激昂前进的姿态，并且时常获得达成目标的成就感。而且，长远目标能够为孩子跨出的每一步赋予特殊的意义，即使孩子在短期内遇到失败也不会失去方向感。

长远目标不是空洞的口号或不切实际的梦想，而应该具备实现的可能性。这也需要父母的帮助和引导，父母要以成年人的目光，从大格局上引导孩子进行思考：未来你可能处于怎样的环境中，你有什么能力，可能成为什么样的人，等等。

长远目标更不是一成不变的，而是跟着自己的能力、环境、趋势的变化而变化，正如一位北大学子所说："高一的时候，我只能保证自己考上武汉大学；高二时将目标改为中国人民大学；到了高三，我便把目标锁定为北京大学，并为此奋斗不止。我喜欢这样的追赶，去追寻遥遥领先的理想。在追赶中，我觉得自己是自由自在的人生的主人。"

当孩子有了长远目标，对未来有所规划时，才能朝着正确的方向前进，不断提升和进步。有了目标，就有了方向；有了方向，就能采取行动；采取了行动，就能突破重围。这种突破跨越的不仅是行动中的重重困难，还有思想上的重重藩篱，从不专注到专注，从固定型思维转化为成长型思维。

阶段性目标：涓涓细水终会汇成江河

大多数孩子面对较大、较难的长远目标都会望而却步，不知道如何下手。这时候，如果能够利用目标分解法，将长期目标分解成若干个阶段性目标，比如中期目标、短期目标，以及每周、每天的小目标，那么执行起来就会容易得多。

美国现代成功学大师拿破仑·希尔曾经说过："目标，必须是清晰而具体化的。"

孩子应该如何给自己制定阶段性目标呢？方法很简单，就是将总目标分解成若干个分目标。比如，总目标是“期末考试成绩进入前三名”，那么分解成的若干个分目标可以是“半学期之内每门功课达到多少分”“一个月内需要完成哪些学习任务”“一周之内需要掌握多少知识量”“今天要学好哪些课程”“一节课上要做多少题目”，等等。

从每天的小目标做起，一步一个脚印，逐步完成短期目标、中期目标和总目标，这种化繁为简的目标递进法，更能提升孩子的学习效率。

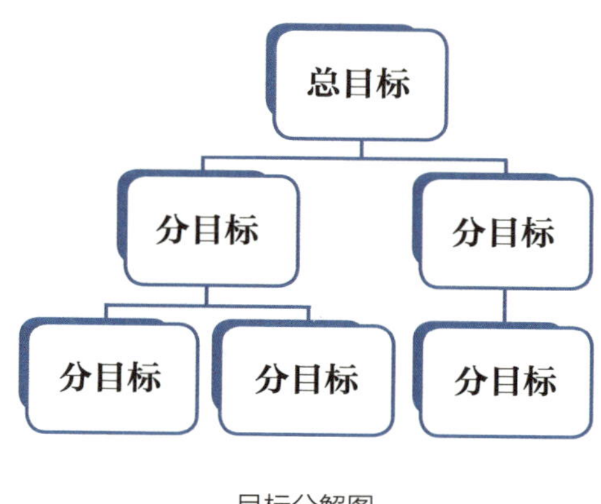

目标分解图

在制定阶段性目标的过程中还需要注意两点：

其一，因材施教。制定目标的最终目的是给自己的未来勾画一个蓝图，并且标注好达到最终目的的时间和要求。有了目标，孩子才能更加专注地做好当下的事情。在实现目标的过程中，更能体现出孩子的成长型思维。

然而，如何起步还得从自身的现状出发，要充分分析自己目前的情况，比如自己的优势和劣势分别是什么，如何发挥优势，如何克服不足等。这些问题都是孩子在制定阶段性目标之前应该思考的。

其二，突出重点。在制定阶段性目标时，还必须考虑一个问题：

我为什么要制定目标？要知道，每个人所拥有的资源都是十分有限的，无论是时间资源，还是精力资源。因此必须将有限的资源投入到真正重要的事情上，当目标实现后要能够给自己带来切实的好处，比如专注力得到了提升，学习成绩得到了提高等。

由于资源是有限的，因此要制定有限的阶段性目标，当孩子列出十几个重要的阶段性目标之后，还必须对目标的优先级进行排序，要保证最重要的目标最先完成，用最少的时间和精力换得最大的产出，而不是胡子眉毛一把抓。

以“初三的阶段性学习目标设定”为例，讲解一下设置阶段性目标的具体方法：

初三包括秋季、春季两个学期，这一年中既要温习巩固以前学过的知识，又要学习初三的新知识，还要进行考前训练、模拟考试等。如果在正常的课程之外，没有制定一个科学、合理的阶段性目标，这一年的学习可能就会陷入混乱，并且难以见到学习成效。

我们可以把初三这一年的时间分为三个阶段：

第一阶段：初三开学至第二年的 1 月。

目标：建立知识系统，达到“做一道题，会一道题”的目标。

第二阶段：第二年的 2 月到 4 月。

目标：查找知识漏洞，进行专项突破。

第三阶段：第二年的 5 月到 6 月。

悲观主义者认为每个机会都有困难，乐观主义者在每一个困难中都看到了机会。

——温斯顿·丘吉尔

目标：进行强化训练，熟悉考试题型及答题技巧。

通过这样的阶段性目标，能够让孩子明确自己现在需要做什么，接下来需要做什么，最后需要做什么。每完成一个阶段性目标，都会有收获与成长。这也是成长型思维建立的过程，一步步实现阶段性目标，一步步获得成长与进步。

提升孩子的专注力，同样可以采用目标递进法，先和孩子一起制定阶段性目标，比如每天专注写作业的时间、每周专注听讲的时间，然后将这些阶段性目标一个个实现，慢慢提升专注的时间和专注度，让孩子的专注力得到持续提升。

最后需要注意的是，阶段性目标的动力和指南都来源于长远目标，所有的阶段性目标都是为长远目标服务的。因此，当孩子制定好长远目标之后，父母应该监督和引导，让孩子的言行、认知都有助于实现长远目标，发现问题时要及时帮助孩子调整行动，使之不与长远目标发生冲突。在父母和孩子的共同努力下，相信孩子一定能够沿着阶段性目标，一步步靠近总目标，并建立成长型思维。

（五）学霸故事：靠成长型思维逆袭

从天天调皮捣蛋捉虫子的“熊孩子”变成逻辑满分的优秀辩手，从托福首考只有 40 多分的“学渣”升级为新东方北美教学部的名师。如果只看到故事的开头，恐怕很难料想到结尾，你在疑惑“怎么可能”的时候，不妨看看 MIT 学霸刘辰钢的成长故事。他其实并不是一位从小到大都优秀的三好学生，刘辰钢一路走来都充满了不定性因素，但好在他拥有成长型思维，从来没有给自己的人生设限，“没有什么是不可能的，”他在采访中说道，“我不是生来就聪慧过人，但我一直相信可以超越自我。努力这件事，永远不嫌晚！”

不爱学习的小孩变成辩论才子

回忆起刘辰钢的童年，辰钢的妈妈直言道：“刘辰钢啥都喜欢，就是不喜欢学习，上课又爱插嘴，经常被老师骂。”自幼儿园起，辰钢就爱出门“野”，家里大院、房子楼顶总有他的身影。别人家的小孩还在学骑儿童三轮车的时候，刘辰钢就已经拆掉辅轮开始飙车了。他特别喜欢亲近大自然，尤其是对捉虫子情有独钟。辰钢的妈妈说他简直是小昆虫专家，他不仅知道哪块地会出现哪种昆虫，而且还会捉一两只带回家养。辰钢以前捉到一只螳螂，就拿回家天天观赏，研究它的生理构造，有时还会琢磨它的饮食习惯，定期给它换伙食；后来又逮着一只蜘蛛，便拿回家与那只螳螂进行搏斗，丰富小螳螂的业余生活，可谓尽职尽责。“我爸妈看我作业做完了，有时候还陪我研究一下，帮我一起抓蟋蟀、蜗牛、蛐蛐。”这样的生活一直持续到初三。随着学习压力的增加，在中考前的节点上，辰钢改变了之前边学边玩的做法，“到了初三之后我就自觉了，自己会努力地想办法提高学习成绩，我父母看到了我的学习状态和劲头，也没有天天催促我学习。”经过一年的专注学习，刘辰钢的努力没有白费，考上了当地最好的高中。可是，刘辰钢一考上高中，又贪玩了起来，“我当时太高估自己的能力了。我觉得初三只花了一年的工夫，就能吃透知识点，考上最好的高中，因此高考对我来说也不会成为大问题，就放松警惕了。但是高中的知识显然比初中所学的知识更加复杂，而且科目也变多了。其实现在回想起来，我觉得，永远不要低估风险。认为这些事情你已经掌握了，这是一个错误的固定型思维。”辰钢妈妈回忆说，辰钢对于高考的成绩确实不太满意，但有幸选择了从小到大最喜欢的研究方向——地理专业。

上了大学后，本不喜欢读书的刘辰钢却因为参加辩论赛这个兴趣爱好开始沉迷于读书。他为了成为一名优秀的辩手而看了很多书，积累了很多知识。不仅如此，通过读书，他还获得了更全面的分析能力，这也能让他更快地对辩题进行精准的拆解，不会一味地顺从别人提出的观点。刘辰钢表示，养成大量阅读的习惯，能够在做决策或遇到复杂情况时给人带来更强的思考能力，而这种能力不是一朝一夕就能培养出来的，需要长期积累。他也感恩辩论赛给予他的机会，认为这不仅可以锻炼一个人的口才、拓宽知识面，还能系统地培养人全面考虑问题、分析问题的逻辑能力。

刘辰钢还说道：“我特别敬佩那些‘绝处逢生’，有耐性、有恒心的人，可能这和我自己的成长经历也有关系。有些人一路走来都很成功，但最后可能遇到一次失败之后就一蹶不振，或者变得刚愎自用。但那些在逆境中都能坚持下来的人，是我真正钦佩的人。”刘辰钢在人生的不同阶段有不同的榜样，有周围的同学老师，也有历史名人，“我最近在读明朝的历史，对朱元璋的故事很感兴趣。他从小就遇到了巨大的挫折，江淮瘟疫，父母双亡。后来讨饭五年。如果一个人在这种逆境中都能坚持下来，那么，之后任何需要他忍耐的时候，他都能比别人更沉得住气，冷静地面对。他是个悟性极高且耐性又极好的人，我还是非常佩服他的”。总结下来，刘辰钢所有崇拜的对象都是有成长型思维的人，这些人在挫折中都会想办法继续前进，他们的故事也带给刘辰钢无穷的力量与信心，激励着他继续前进。

英语渣到新东方名师的逆袭

托福考试是很多人的“噩梦”，对于当时英语基础平庸的刘辰钢来说也是如此。辰钢的妈妈也坦诚地说：“很多人以为我儿子是学霸，其实他第一次托福分数只有 40 多。”但是，刘辰钢不仅没有因此放弃考托福的念头，反而越挫越勇，“有一位对我影响很深刻的英语老师，他当时说的两句话我至今记得非常清楚，一句是‘free to try’，意思是勇于尝试，一句是‘free to fail’，意味着不要一失败就害怕丢面子或者不敢再次尝试。”在成长型思维的影响下，刘辰钢不仅在半年内将托福成绩提高了 60 多分，还总结了一套自己的学习方法并成为新东方教授应对托福考试的名师。

刘辰钢回忆起备考托福的时光，也感慨当时自己那股“狠”劲，他制订了短期、中期、长期计划，不仅可以量化自己的努力和进步，也确保自己向着正确的方向前进。比如背一本 300 页的词根词缀书，刘辰钢制订了一套自己的短期计划，最后只花了一个星期就全部掌握了。他没有遵循身边的人背单词的思路，他觉得一天背几个单元，之后再去复习的方法效果不好，遗忘率太高。刘辰钢通过不断试验，找到了适合自己的背单词的方法——先迅速记住每个单词的长相，在此之后根据单词的用途添加要素。如果一些单词常出现在托福听力中，那么就要记住每个单词的发音；如果一些单词常用于写作，那么就要记住每个单词的用法。每次添加要素，都会让自己对每个单词有更加深刻的印象。刘辰钢强调，背单词的确很苦，但通过不断地尝试，针对自己的遗忘点找到最适合自己的学习方法，就可以事半功倍。

完成了短期计划后，便可以向中期计划迈进。在花一个星期背完 300 页的词根词缀书后，刘辰钢乘胜追击，用半个月时间就背完了一本词汇书。对待听力，他也保持这股热情和良好的感觉，铆着一股劲儿，每天坚持练精听。刘辰钢分享自己的学习经验：“我从一开始就目标明确，对自己要求非常严格，专注学习获得了成就感。尝到甜头后就会想要继续，这样一来，做成一件事的可能性就非常大。我们要有明确的目标，然后坚持、坚持再坚持，总会有收获的。”

刘辰钢发现了自己对教学的热爱，走进了课堂，与更多托福考生分享他的学习心得和感悟。在完成大量的托福考试机经收集和还原工作后，他摸清了ETS（美国教育考试服务中心）考试趋势和出题思路。他负责新东方托福的课程和教材研发，推动了新东方托福教学改革，参与了近年来新东方北美部几乎所有的课程体系设计和讲义研发，成为北美研发中心教学标准化数据化、产品研发的负责人。

成长型思维让他超越自我

专注做教育的四年给了刘辰钢无限大的成长空间，但他并没有安于稳定的现状，而是追求提升自我，“我一直想去最好的学校看看，在那里能够有机会接触一些优秀的人，感受一流的学习氛围。”他成功申请了清华的MBA（工商管理硕士），并在第二年申请了麻省理工学院斯隆商学院的双学位研究生。“相较于一味往前冲，或许沉淀几年后的爆发会更适合自己的长远发展。”刘辰钢这样总结。

谈到在麻省理工学院的学习生活，刘辰钢并没有聚焦在商科，而是最喜爱一门科技类的课程——设计用于学习与创造力的虚拟现实应用程序（Designing VR Applications for Learning and Creativity），这是一门将虚拟现实和教育领域结合的跨学科课程。刘辰钢在谈到这门课

刘辰钢在麻省理工学院毕业典礼上

给自己带来的思考时说，增强现实（AR, Augmented Reality）、虚拟现实（VR, Virtual Reality）技术在国内起步较晚，但在国外非常火热，众多业界与学界人士认为，AR、VR 技术是未来科技的发展趋势，会融入人机互动和产品设计之中，对教育、传媒及各行各业会有深远的影响。在谈及这门课的闪光点时，他说，这门课让我有机会与业界先锋、前沿技术零距离接触。他曾进入尼尔森实验室，了解最前沿的应用技术，带上 AR、VR 眼镜后，可以通过眼球追踪心跳、汗液、脑电波等，测试出人眼在看不同东西时，身体特征的变化，并伴有非常精确的数据分析，从而为广告、视频如何有效抓住观众注意力提供科学的建议。刘辰钢从不对新鲜的事物说不，还利用各种机会与各路学神合作完成课程设计项目。他担任小组设计、产品、编程、音效等不同部分的负责人。刘辰钢表示，和不同牛校的“大神”们交流合作，既是挑战，也是乐趣。大家可以一起攻克一道道难关，碰撞出有趣的火花。

具有成长型思维的人相信才能是可以培养的，这样的人会更勇于直面挫折，不畏惧挑战，拥有无限的成长空间。不强调天赋，而是坚信努力，刘辰钢的故事让我们看到成长型思维的重要性。小时候调皮捣蛋的“昆虫专家”，长大后成为侃侃而谈的辩论才子、清华 MBA 全球项目毕业生、麻省理工学院管理学硕士。面对挫折，刘辰钢从不言弃，拥有成长型思维的他始终相信，能力是可以培养的。刘辰钢专注于人生的每个阶段，坚信在找准目标后，通过努力和专注就能获得改变。

> **我们不必羡慕他人的才能，也不须悲叹自己的平庸；各人都有他的个性魅力。最重要的，就是认识自己的个性，而加以发展。**
>
> ——松下幸之助

二、情绪管理法（emotion）
——优秀的人，从来不会输给情绪

当我们产生焦虑、紧张、不安等情绪时，看待周围事物就像戴上了有色眼镜，无法专注于学习，学习效率难以保障。情绪管理法将带领你认识自己的情绪，教会你如何掌控好各种情绪，帮助你关注事物本身，快速进入学习状态，并成为一个积极阳光的人。

（一）情绪管理：做一个内心强大的自己

在这个世界上，理性与感性并存

情绪是每个人一生都离不开的"伴侣"。无论在学习中、生活中，还是职场中，情绪都会以不同形式、不同状态——开心、愤怒、烦恼、害怕、平静等——伴随着每一个人。如果不懂得情绪管理，任由自己被各种情绪控制，则无法全身心地投入到学习或工作中。

每个人面对不同的情绪变化，其反应和处理方式也不同：有的人不容易被情绪影响，更看重客观事实，能够对事物客观理智地分析和判断，因此显得很理性；有的人却总是被情绪左右，做事全凭心情，感情用事，因此显得很感性。

事实上，每个人的大脑都是理性与感性并存的，没有绝对理性的人，也没有绝对感性的人。理性和感性就像一条长轴的两端，没有人站在两个极端上，都位于两者之间的某个位置上，而且人们所处的位置也会根据各种因素的变化而变化。

著名心理学家丹尼尔·卡内曼以人类的理性与感性思维为基础，提出了"两个系统"理论，也就是大脑处理信息时往往依赖于"两个系统”，其中一个系统倾向于感性，它能够快速地、自动化地、情绪化地处理信息；另一个系统倾向于理性，它能够有逻辑性地、有意识地、慎重地处理信息。通常情况下，人们在处理一些简单的信息时，会用到感性思维；而在处理一些复杂的信息时，则会用到理性思维。

当然，每个人的思维习惯不同，即使面对同样的问题，有的人更依赖于直觉的、情绪化的、反应迅速的感性思维，而有的人却依赖于客观的、慎重的、有意识的理性思维。

葛一敏在《纸上春秋》一书中写道：“我们需要一种清明的理性，这个理性是在这种嘈杂的世界中拯救生命的一种力量。同时，我们也需要一种欢欣的感性。这种感性之心可以使我们触目生春，所及之处充满了快乐。”

在这个世界上，理性与感性并存，每个人也需要理性与感性并存——在生活中应该让感性多于理性，这样才会显得有“人情味”，才能更好地与人相处；在学习和工作中，则应该让理性多于感性，这样才能理智地思考和判断问题，提高学习和工作的效率。

在处理情绪问题时，应该运用理性思维。为什么孩子相比于成人更难管理好自己的情绪？这和孩子的思维方式有关。现代心理学研究成果表明：儿童在身心发展未成熟时，主要依赖具体的形象直觉思维，即感性思维；只有当其身心发展到一定水平后，才能逐步掌握抽象的逻辑思维，即理性思维。所以，孩子在看待问题、处理问题时总表现出情绪化的一面，也就不足为奇了。

在现实生活中，很多孩子都被各种情绪问题困扰，比如他们看了一部喜欢的动画片、获得了心仪已久的小玩具、吃了美味可口的零食之后，情绪就会一直处于兴奋、喜悦的状态中，到了应该写作业的时候，仍旧无法让自己的情绪平静下来，专心完成作业。再比如，他们考试成绩不理想、受到老师的批评、与其他小朋友发生矛盾之后，情绪会长时间处于低沉、难过的状态中，同样无法专心学习。即使是短期内的情绪变化，也会让他们的专注力下降。

学习掌控情绪管理的能力，在专注力的五个维度中，尤其有助于转换性注意力的培养和发展。如果父母能够帮助、引导孩子合理运用理性思维，管理好自己的情绪，便可以有效地提高孩子的转换性注意力。当孩子可以在不同的情绪之间灵活转换，特别是从负面情绪中解脱出来时，才能成为一个真正内心强大的人！[①]

无限趋近于理性，也会无限趋近于专注

在心理学上，理性是指人在正常思维状态下，为了获得预期的结果，冷静地面对现状，并快速全面地了解现实，分析出多种可行性的方案，再判断出最佳方案并对其有效执行的能力。

当一个人无限趋近于理性时，也就无限趋近于专注。因为理性思维能够帮助人们管理好自己的情绪，不会过多受到情绪的影响——在过度快乐或悲伤时，不会沉浸在大喜大悲中；在出现紧急状况时，能够泰然处之；在心生愤怒或烦恼时，也能及时排解。如果能够运用理性思维管理好自己的情绪，自然能够更专注地投入到工作和学习中去，从而实现转换性注意力的提升！

无论在生活、工作还是学习中，理性思维都能够帮助人们管理好自己的情绪，从而成为一个高效与专注的人。在现实生活中也有不少这样的例子，比如今日头条的创始人张一鸣，他就是一

---

① Wadinger, H.A.,& Isaacrowitz, D.M. (2010). *Fixing Our Focus: Training Attention to Regulate Emotion. Personality and Social Psychology Review,* 15(1), 75-102. doi:10.1177/1088868310365565.

位无限趋近于理性从而无限趋近于专注的人。他用 6 年的时间从程序员做到了 CEO，他创办的今日头条 5 年后估值 300 亿美元。同事对他的评价是："他可以像机器一样理性地工作，并且像驯化算法一样调适自己。"

在工作中，张一鸣始终保持着专注的状态，不过分喜悦，也不过分沮丧。他的情绪只在这两条线之间波动，哪怕被推上舆论的风口浪尖也能保持平静。张一鸣在谈到专注与高效的秘诀时曾经说过："专注且高效的最好状态，是在轻度喜悦和轻度沮丧之间。不太激动，也不太郁闷，并且睡眠充足。"他的目光放得很长远，只要确定目标就会极其专注，并且在实现目标的过程中，始终保持理性与克制，无论高兴和沮丧都不轻易示人。张一鸣在情绪管理上的出色表现，完美地彰显了他的实力与格局。可以说，无限趋近于理性，也会无限趋近于专注。

村上春树的小说《舞！舞！舞！》中有这样一段话："你要做一个不动声色的大人了。不准情绪化，不准偷偷想念，不准回头看。"对孩子来说，想要管理好自己的情绪，像大人一样"不动声色"，并不是一件容易的事情。因为在孩子的大脑中，感性思维占据着主导地位，所以他们经常把喜怒哀乐挂在脸上，动不动就闹小情绪。不过，随着年龄、知识和经验的增长，孩子也会逐渐建立起属于自己的理性思维。这无疑是一个漫长的过程。在这个过程中，父母应该有意识地培养孩子的理性思维，帮助和引导孩子对客观事物进行理智的分析和判断，而不是感情用事，任由自己被情绪控制。

为什么人的情绪难以控制，总是会做出一些非理性的行为呢？

心理学家乔纳森·海特在自己的著作《象与骑象人》中，将情绪比喻成大象，而将理性比喻成大象背上的骑象人。当大象没有意见的时候，会十分听从骑象人的指挥，但是当大象有了自己的主意之后，

一个榜样胜过书上二十条教诲。

——罗·阿谢姆

骑象人将毫无办法，并且会沦为大象的“代言人”。

这个形象的比喻很好地解释了情绪与理性的关系。虽然人们一直声称“人类的大脑是理性的象征”，但事实上人往往会被情绪控制。当“大象”极度兴奋、四处乱窜的时候，或当“大象”意志消沉、停止前行的时候，“骑象人”真的毫无办法，只能被“大象”牵着走吗？当然不是，“骑象人”也能够通过长期的训练，驯服不受控制的“大象”——运用理性思维管理自己的情绪，这便是驯服“大象”最好的方法。

（二）梳理情绪：旋转吧，情绪轮盘

基本情绪：大脑处理问题时的默认选项

相信很多人都看过《头脑特工队》这部电影，影片讲述了小女孩莱莉随着工作变动的父亲来到旧金山，在全新的生活中被五种情绪左右的故事。这五种情绪分别是代表快乐的“乐乐”、代表恐惧的“怕怕”、代表愤怒的“怒怒”、代表厌恶的“厌厌”和代表悲伤的“忧忧”。它们居住在莱莉大脑的控制中心，并且通过适当调配来指导莱莉的日常生活。

《头脑特工队》这部电影创意十足、引人入胜，获得了2016年度奥斯卡最佳动画长片奖。由于影片中讲述了五种情绪如何在大脑中分工合作，并且引入了一些神经科学的基础原理，一时间引来不少神经学家撰文点评。美国加州理工学院神经科学教授、《情绪神经科学》作者拉尔夫·阿道夫说："该片很好地例证了关于情绪的很多常见但错误的臆测，比如在观看影片时，你以为基本情绪就只有那几种，可事实上，人的情绪远远不止那几种。在情绪科学领域，一直有两个悬而未决的问题，一是情绪是什么，二是情绪有多少种。"

情绪是指伴随着认知和意识过程产生的对外界事物的态度和体验，是人脑对客观外界事物与主体需求之间的关系的反应，是以个体需要为中介的一种心理活动。从古希腊至今，对于情绪的定义至少有 20 种以上，虽然它们各不相同、极其复杂，但是我们仍旧可以简单地将情绪理解为天气一样的东西，有时阳光明媚，有时暴雨连绵，来也匆匆，去也匆匆，时刻发生着变化。天气的变化和气压、温度、海拔等各种因素有关。情绪的变化也是如此，会受到外部各种因素的影响，也会受到主观需求的影响。

至于情绪有多少种，至今仍旧是一个悬而未决的问题。几千年以来，哲学家、心理学家、神经学家一直在寻找答案。目前得到大多数学者认可的基本情绪有 4—10 种，包括快乐、恐惧、生气、伤心、厌恶、惊喜、爱等，而由这些基本情绪衍生出来的次级情绪则多不胜数。面对这些已经被识别的情绪，对号入座却并不容易，幸好在过去的几十年间，心理学家已经分辨出基本情绪的主要类型，这有助于我们更好地认识并管理好自己的情绪。

心理学家罗伯特·普洛特契克开创了著名的情绪进化理论[①]，将情绪分为基本情绪及其反馈情绪。他认为人类的基本情绪是物种进化的产物，是物种生存斗争的适应手段。他按心理四原色色轮绘制了一个情绪轮盘模型，指出人类的 8 种基本情绪是：生气、厌恶、恐惧、

① Plutchik, R.(2003). *Emotions and life: Perspectives from Psychology, Biology, and Evolution (1st ed.).* Washington, DC:American Psychological Association.

悲伤、期待、快乐、惊讶、信任。这些基本情绪是大脑处理问题时的默认选项，它们周围还有不同的反馈情绪。

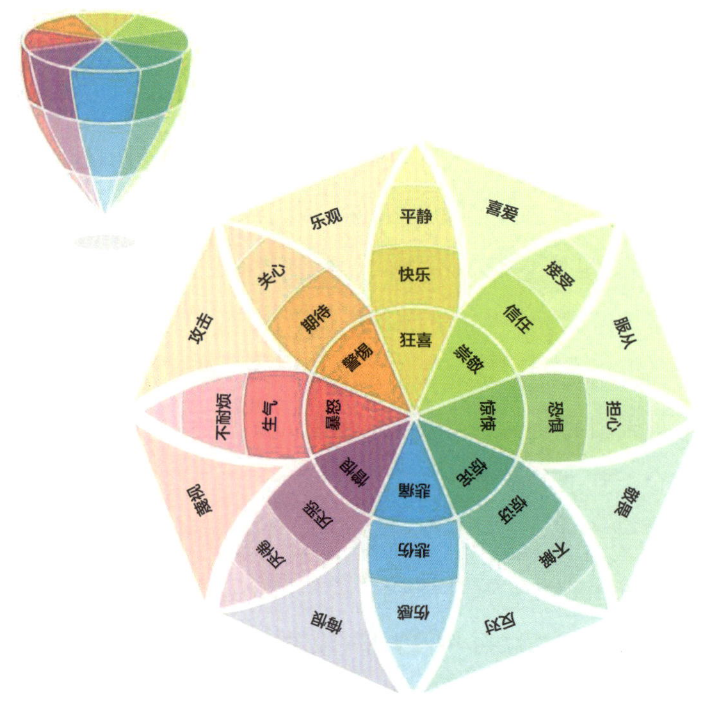

普洛特契克的情绪轮盘模型

普洛特契克的情绪轮盘模型分为平面和立体两种形式，立体模型以一个倒立的圆锥体的形式呈现。在情绪轮盘中，悲伤和恐惧是基本情绪，正如蓝色和绿色是原色一样；快乐和悲伤是相反的情绪，正如黄色和蓝色是相反色一样。在基本情绪周围，是其他反馈情绪。通过观察情绪轮盘，我们能够更好地理解不同情绪之间的联系和差异，并且从中找到积极控制自我情绪的方法。这也是情绪管理的第一步——正确认识自己的情绪！

那些成熟、理性、做事专注的人，都是懂得识别情绪语言、懂得情绪管理的高手。在培养孩子专注力的过程中，父母也可以通过情绪轮盘，引导孩子认识、了解自己的情绪，从而更有针对性地管理情绪，让孩子成为情绪管理的高手。

反馈情绪：不同的需要引发不同的情绪反应

罗伯特·普洛特契克在哥伦比亚大学获得博士学位，曾任艾伯特·爱因斯坦医学院和南佛罗里达大学的教授，是情绪理论方面的学术领袖。他所撰写的情绪理论的相关文献近 300 篇，分 45 个章节收录在 8 本著作中，他还参与编写了另外 7 部相关著作。

关于“情绪”，普洛特契克提出了以下 10 个观点：

1. 情绪存在于所有物种的任何进化水平上。无论是人类还是动物，都有自己的情绪。

2. 在不同的物种中，情绪的进化程度不同，表现形式也不同。

3. 情绪是生物体在进化过程中对环境变化的反馈行为，它能够让生物体更好地解决生存、适应问题。

4. 在不同的生物体中，情绪反应的出现条件和表现形式各有不同，但是有一些基本的情绪元素普遍存在于不同物种之间。

5. 基本情绪共有 8 种。

6. 其他反馈情绪都是在 8 种基本情绪的基础上混合派生出来的。

7. 基本情绪是理论化的情绪模型，其特征可根据事实观察得出，但无法被完全定义。

8. 每种基本情绪都有与之相反的基本情绪。

9. 任何两种情绪之间的相似度可以分为几个等级。

10. 任何情绪都可以表现出强度的不同。

在色彩心理学中有红、黄、绿、蓝四种原色，通常红—绿、黄—蓝称为心理补色。将这四种原色相互组合又能调配出其他色彩，比如

“红 + 黄 = 橙”“绿 + 蓝 = 青”等。在罗伯特・普洛特契克教授绘制的情绪轮盘中，不同情绪相互组合，也会得到不同层次的反馈情绪。

根据罗伯特・普洛特契克的情绪进化理论，8 种基本情绪组合派生出的反馈情绪如下：

期待＋快乐＝乐观（与之对立的是反对）

快乐＋信任＝喜爱（与之对立的是悔恨）

信任＋恐惧＝服从（与之对立的是蔑视）

恐惧＋惊讶＝敬畏（与之对立的是攻击）

惊讶＋悲伤＝反对（与之对立的是乐观）

悲伤＋厌恶＝悔恨（与之对立的是喜爱）

厌恶＋生气＝蔑视（与之对立的是服从）

生气＋期待＝攻击（与之对立的是敬畏）

罗伯特・普洛特契克曾经说过：“如果你将期望和快乐这两种主要情绪加在一起，你将得到乐观这一反馈情绪。如果你从乐观中减去快乐，结果又会怎样？依据基础数学，那将会带给你期待。”

通过罗伯特・普洛特契克的情绪轮盘，我们能够为自己的情绪找到对应的位置。父母也可以引导孩子进行自我思考：我正处于怎样的情绪状态中？是 8 种基本情绪之一，还是其他更为复杂的反馈情绪？为什么会产生这些情绪反应？通过分析产生的原因，最终回到自

要养成感知和观察高尚事物的习惯，以便从那种“高尚事物无法效仿”的借口中解脱出来。我们的心灵境界升高了，凝视神圣榜样的热情点燃了，我们就要设法见贤思齐了。

——卢梭

我需求，更好地了解自己，从而调整好自己的情绪。孩子只有梳理好自己的情绪，才有可能实现情绪管理。

（三）正念意识：心灵解放的生存状态

有意识地觉察自我情绪：有些情绪必须拿得起，放得下

正念意识对于认识情绪并调节情绪起着十分重要的作用。

什么是“正念”呢？有的人将其理解为“正确的观念”或者“与邪念相反”，而这里所指的“正念”是一种自我调节的方法，主要包括三大要素：有意识地觉察、专注于当下、不做主观判断。

“正念”的英文名叫“Mindfulness”，源于古老的佛学，从坐禅、冥想、参悟等发展而来。不过，随着时间的流逝，“正念”的概念和方法渐渐脱离宗教的范畴，被西方心理学家和医学家提炼出来，发展成一种精神训练疗法。

美国麻省理工大学生物学、医学博士乔·卡巴金通过 15 年的临床实验，对“正念”概念进行了系统、全面剖析，并且著有《正念》一书，让普通大众也知道如何在日常生活中运用“正念意识”进行自我疗愈。运用“正念意识”的第一步便是“有意识地觉察”。

在现实生活中，很多人都被不同程度的情绪问题困扰，他们通过各种方法管理情绪，最后却收效甚微，为什么呢？因为他们第一步就走错了。管理情绪的第一步不是寻找管理情绪的方法，而是有意识地觉察自己的情绪。

当快乐、悲伤、忧郁等情绪迎面扑来时，你觉察到了吗？如果无法做到有意识地觉察，会让我们在情绪来临的时候浑然不知，从而导致情绪的积累。等到情绪泛滥时才有所觉察，你会发现自己已经被卷入情绪的旋涡之中了。负面情绪并不可怕，可怕的是毫无觉察，觉察本身就是一种疗法。

有意识地觉察有什么作用呢？它能够帮助我们发现情绪，理解不同情绪的性质与结果，对情绪及情绪的反应深入探索。这样的过程会让我们更加清楚地了解情绪的反应是如何影响我们的心理及行为的，并且帮助我们找到更为合理的管理情绪的方法。

我们应该如何有意识地觉察到不同的情绪，并且对这些情绪进行正确的调节呢？

除了运用罗伯特·普洛特契克的情绪轮盘来认识、对比、觉察自己的情绪，还可以运用心理学上著名的“脱困四问”来帮助我们觉察并调节自己的情绪：

第一问情绪（emotion）：我正处于什么情绪之中？情绪的强烈程度如何？（找出情绪的类别）

第二问事件（event）：因为什么事件引发这种情绪？要客观真实地描述当时发生的事件，如果发现自己的表述有主观倾向，则返回第一问，继续认清自己的情绪。（挖掘情绪背后的事件）

第三问目标（target）：我的初衷是什么？（找到期望与结果之间的差距）

第四问行动（ action）：下一步我应该怎么办？我能为此做些什么？（行动改变）

当我们发现自己被困在某种情绪中时，便可以通过“脱困四问”认清并调节自己的情绪，最终找到情绪的出口，为自己重新设定行动目标。

专注于当下：感受现实，感受美好

因纽特人相信一个传说：晚上人一旦入睡就会死去，第二天清晨再度复活，获得全新的生命。所以因纽特人总喜欢对别人说自己只有“一天大”，而且无论现实的环境多么残酷，他们总能保持愉悦的心情，专注于当下的生活，感受现实，感受美好。

如果我们也能像因纽特人那样，不念过去，不畏将来，专注于当下，必然也会获得最好的情绪状态。大多数人的不快乐，源于无法接受的过去和充满担忧的未来。

“正念”的第二大要素便是“专注于当下”。假如有一个人告诉你，“过去和未来都是不存在的，时间只是人类虚构出来的东西”，你会不会觉得这个人脱离了客观现实，违背了科学真理，是在故弄玄虚呢？可这正是“正念”的哲学观点之一：我们拥有的只有当下的现实，能够感知到的只有此时此刻，其他关于过去的记忆、关于未来的规划，都只是此刻头脑中的概念。

当我们把所有注意力都放在“当下”的时候，便会拥有一个完全不一样的世界。虽然我们仍会在坏事发生时感到难过、痛苦，但是“专注于当下”却能让我们不沉浸于痛苦之中。如果一个人不为尚未发生的事担忧，也不为已经发生的事懊悔，那么他的负面情绪肯定少很多。

佛家一直劝世人要“活在当下”。什么是“当下”呢？就是我们现在正在做的事情、所处的地方、拥有的朋友和生活。“活在当下”就是将自己所有的注意力都放在这些人、事、物上面，全心全意地接纳、品尝和爱。

有的人可能会说：“这并不是什么难事啊，我不是一直都这样活着吗？”

事实可能并非如此，很多人不仅没有“专注于当下”，还总是被过去的事情影响，同时又想着明天、明年甚至是下半辈子的事情。

“上周末的考试，我居然没有拿到第一名，真的好气啊！”“我明年高考一定要考 600 分以上……”“我以后要买一套大房子，而且要有厨房和露天阳台。”

专注于当下，说起来很容易，做起来却很难。因为大多数人都对过去耿耿于怀，对未来惴惴不安。“正念”则要求我们建立一种“不在过去，不在将来，只在当下”的心理状态。

除了专注于当下的时间，丢弃过去和未来所带来的负面情绪，我们还需要专注于当下所做的事情，不被其他事情所影响。比如你吃饭的时候，通常情况下，头脑里不单有吃饭这件事，还有“今天的成绩怎么那么差劲啊”“工作还没有做完怎么办”“对面吃饭那个人怎么一直盯着我看”，等等。你通常不会全身心地投入到“吃饭”这件当下的事情上，更不会用心品尝食物的味道。如果你整天被“当下”以外的事情困扰，必然会增添许多负面情绪。这时如果能够运用正念意识，丢弃“当下”以外的事情，用心感受现实、感受美好，用心品尝食物，积极的情绪自然会出现。

畅销书作家芭芭拉·安吉丽在《活在当下》中写道：“我们大多数人都无法全然专注于自己正在做的事，无法心无杂念地感受眼前的时刻。我们把绝大部分的时间都花在心不在焉上，以至于很难拥有真实的刹那，因为只有在你百分之百地经历当下的那一瞬间，真实的刹那才能富含力量，才能完满。”

正念意识便是我们活在当下、获得快乐的最好的精神训练疗法。

不做主观评判：尽量避免新的念头

你听说过心理学上的“巴纳姆效应”[①]吗？

人们在做主观评判时，往往会陷入一个误区：错误地认为一种笼统的、广泛性的人格描述准确地揭示了自己的特点。当用一些普通、

---

① Mason, & Budge. (2011). Schizotypy,Self-referential Thinking and the Barnum effect. *Journal of Behavior Therapy and Experimental Psychiatry,* 42(2), 145-148.

含糊不清、广泛的形容词来描述一个人的时候，人们往往很容易就接受这些描述，并且认为描述中所说的就是自己。

这便是著名的“巴纳姆效应”。它的产生和人的“主观验证”作用有关，只要一个人做出了主观评判，他便能为自己的观点找到各种各样的证据，哪怕是一些毫不相干的事物，也能被联系到一起，直到它们完全符合“自我”的设想。

然而，主观评判往往缺少客观事实的支撑，因此会出现许多漏洞。比如有的人总是高估自己的能力，主观上认为自己一定能行，但现实中自己却没有那样的能力。

美国康奈尔大学的心理学博士大卫·邓宁曾在《人格与社会心理学杂志》上撰文指出：“人们对自己的天赋和能力具有根深蒂固的看法，这些看法对自我评价的影响甚至可能超过真实表现本身，使人们对自己做出不切实际的判断。”可见，主观评判不一定可靠，有时甚至会让人曲解事实，出现“唯心主义”。

“正念”的第三大要点，便是“不做主观评判”，对当下的一切都不做任何判断、任何分析，只是单纯地觉察它、注意它。这就像是一种“无知”的状态。

为什么我们要保持“无知”，不去做主观评判呢？因为我们很容易被“已知”的知识和经验影响，特别是那些“理所当然”和“毋庸置疑”的东西。我们可以将其称为思维定式，它会让我们的主观评判产生偏见——对自己的偏见及对他人的偏见。

这些思维、情绪和行为模式已经完全自动化了，甚至连我们自身都意识不到。不过，脑海中那些“理所当然”的道路，已经塑造了我们不断重复的命运，让我们每一次的主观评判都带有偏见，并且远离现实。

书读得越多而不加思考，你就会觉得你知道得很多；而当你读书思考得越多的时候，你就会越清楚地看到，你知道得还很少。

——伏尔泰

我们身边其实有很多人都被自己的感受和想法"绑架"了。"他一定生我的气了""我在学校里一点也不受欢迎""我根本就不聪明，不适合学习"，类似这样的情绪和想法，让我们无力抵抗，因为任何反驳都是对"主观评判"的否定。

在这种情况下，"正念"给予我们的"无知"便成了极大的希望。它让我们不做主观评判，主动放下各种情绪、想法和偏见，以"无知"的状态认识客观事物。

当我们不做主观评判的时候，脑海中也不会出现新的念头。原本被"自我"定性为负面的东西，也能产生积极的正能量，原本先入为主的想法，也迎来了全新的转机。

（四）情感平衡：驯服，而不是强迫

温柔疏解：让情绪的洪水安全地通过大坝

畅销书作家奇普·康利在《如何控制自己的情绪》一书中写道："我曾经看过的表达情绪词句的统计研究有558—800多个，令人不解的是，几乎在每一项研究中，将近2/3的词句都有负面含义。所以，有一份欢乐，就有一份忧郁和一份贪婪。"

的确，在所有的情绪中，负面情绪所占的比重往往大于正面情绪，如何才能平衡负面情绪和正面情绪呢？这是每一位父母及孩子都需要面对和解决的问题。

情绪管理法明确指出，学会控制情绪并不是消灭一切负面情绪，而是温柔疏解，适当地抒发自己的情绪，让情绪的洪水安全地通过大坝。如果不懂得控制、调节自己的情绪，一旦情绪失衡，陷入过多的负面情绪中，就会直接影响生活质量及工作、学习的效率。

在非洲大草原上，有一群自由而健壮的野马驰骋而过，扬起一阵风沙。这时，一只蝙蝠悄然窜出草丛，附在一匹野马的大腿上，然后用尖利的牙齿咬破了野马的皮肤。野马的性格暴躁，当它看到自己的大腿被蝙蝠咬出血时，立刻急得加速狂奔，不断跳跃。在奔跑、跳跃的过程中，野马身体里的血液加速流淌，而蝙蝠却一直在吸血。最终，蝙蝠吸饱了血，心满意足地飞走了，可怜的野马却在暴怒中因流血过多而死亡。

动物学家研究发现，那是一种生性嗜血的蝙蝠，它们是野马的天敌。不过，这种蝙蝠的体型较小，吸血量也不大，根本不足以将野马置于死地。真正杀死野马的并不是蝙蝠，而是野马的愤怒——愤怒的情绪让它们的血液加速流淌，即使是很小的伤口也会流血不止。

这些野马是不是可怜又可悲呢？其实，在现实生活中，很多人都像“愤怒的野马”一样，被各种负面情绪困扰，比如悲伤、厌恶、愤怒、恐惧、忧虑等。这些负面情绪如同洪水堵在人们的内心，一旦疏于防护，洪水就会决堤，危及自身，也危及他人。

日本作家有川真由美曾说：“人人都有陷入负面情绪中难以自拔的时候，如何应对消极情绪便成了实现目标、提高生活质量的关键。”她在《整理情绪的力量》一书中总结了几种实用的调节情绪的方法。

1. 转移注意力，疏解负面情绪

每个人都很容易陷入这样一种状态：在专心看电影、听音乐或者沉浸在话剧的剧情时，身边人的一举一动可能都会被忽略。这是因为注意力高度集中在某个点时，人的大脑会忽视身边其他的现实状态。所以，我们可以通过转移注意力的方法，来模糊处理内心不好的情绪，使其边缘化，进而完成情绪疏解。

比如我们可以给自己心理暗示，每次情绪激动时都告诉自己“要保持冷静”，以此来转移自己的情绪；还可以在情绪激动时，有意识地转移话题或者做一些无关的杂事——聊天、散步、深呼吸等，让自己的情绪逐渐稳定下来。

2. 学会换位思考，让负面情绪自动疏解

很多人被负面情绪困扰是因为过于看重自身的感受，而忽略了他人的感受。换位思考能够帮助我们走出自我情绪的旋涡。站在他人的立场上，与他人互换角色，“将心比心”看待问题，有助于脱离自我的感受，让负面情绪自动疏解。

3. 找到负面情绪与正面情绪的平衡点

情绪本身具有两面性，正面情绪能够让人获得积极向上的力量，让人快乐、沉着、冷静，制造和谐的氛围；而负面情绪会让人沉溺于烦恼、悲伤、痛苦之中无法自拔。因此，我们要努力找到正面情绪和负面情绪的平衡点，让自己尽量处于正面情绪中，少被负面情绪影响。即使处于负面情绪中，也要学会“化悲痛为力量”，从负面情绪中找到积极的力量。

亚里士多德曾经说过：“生活的本质在于追求快乐，而让自己的人生变得快乐的途径有两种：不断地发现有限生命中的快乐时光，并增加它；发现那些令自己不快乐的时光，并尽量减少它。”负面情绪的危害之大自不必说，但是想要消灭、扼杀一切负面情绪，却是不可能的事情。

负面情绪如同洪水一样，越遏制越会产生巨大的威力，所以我们不能拒绝、逃避负面情绪，而应该以平和的心态将情绪的洪水引流到不同的位置，让它安全通过大坝，变成生活中的“涓涓细流”，滋养自我及身边的人。

换个说法：选择适当的方式表达自己的感受

情绪管理（Emotion Management）[①] 的概念由哈佛心理学博士丹尼尔·戈尔曼最先提出，他对于情绪管理的定义是：“善于掌握自我，善于合理调节情绪，对生活中矛盾和事件引起的反应能适可而止地排解，能以乐观的态度、幽默的情趣及时地缓解紧张的心理状态。”

简单来说，情绪管理主要包括三方面的内容：一是认识自己的情绪，二是疏解自己的情绪，三是适当地表达自己的情绪。无论是父母还是孩子，都应该学会“适当地表达自己的情绪”，该哭的时候哭，该笑的时候笑。如果在伤心悲痛的时候拼命压制自己的情绪，在遇到快乐的事情时却独自闷闷不乐，或者在不应该发脾气的时候乱发脾气，都不符合情绪表达的规则。一个人长期处于异常的情绪表达中，只会让自己身心疲惫，并且与周围环境格格不入。

人们在表达自己的情绪时，经常会犯一些错误，比如不清楚自己的感受，乱发脾气；不敢直接表达自己的情绪，所以一言不发；只知道指责对方，夸大对方的过错；拒人于千里之外或者一味讨好，等等。这些错误的表达情绪的方式，只会引起误会，激化矛盾，给自己带来更多的烦恼，也让身边的人难以接受。

① Goleman, D.(1998). *Working with emotional intelligence*. New York: Bantam Books.

如果能够换个说法，换一种表达方式去表达自己的情绪，最后的结果可能完全不一样。比如孩子考试失利，父母有点失望，甚至有点生气，但更多的还是希望孩子努力学习，在下一次考试中提高成绩。在这种情况下，父母可以对孩子说：“这次没有考好，没关系，接下来的学习一定要用功一些，争取下一次考试成绩有所提升，只要有一点点进步，爸爸妈妈都会为你感到开心。”这样的表达不仅可以缓解孩子考试失利的心理压力，还能给孩子心理上的鼓励，让孩子更加努力学习。同样的场景，如果表达不当会是什么样子呢？

父母可能会指责孩子：“你太让爸爸妈妈失望了！爸爸妈妈努力工作，就是为了让你好好学习，结果呢？考试成绩这么差，下次能不能用心一点！争取考好一点啊！”孩子受到这样的指责，会产生负面情绪，认为爸爸妈妈只关心学习成绩，不关心自己。有的孩子可能会因此产生反抗情绪和叛逆行为，有的孩子则可能因此情绪低落，产生心理压力。

所以，在每次产生负面情绪，或者与他人谈话中想发脾气时，首先应该有意识地控制自己的情绪，然后选择适当的方式来表达自己的感受。“适当地表达自己的情绪”是一门艺术，需要用心体会、揣摩，更重要的是要将其运用到现实生活中。

那么，我们究竟应该如何适当地表达自己的情绪呢？

1. 真诚地表达自己的感受

很多人无法向他人表达自己的真实感受，往往是因为不懂得如何表达，害怕表露心声会让自己难堪，担心“实话”会破坏彼此和谐的关系等。其实，世界上最好的表达方式就是真诚地表达自我，无论高兴、伤心或难过，当我们在表达这些情绪时，本身就是一种情绪疏解方式。

在表达自己的感受时，应该以平静、非批判的方式去叙述情绪的本质，描述而不是直接发泄，而且表达情绪的语言应该是清楚、具体的。这样才能让自己的情绪找到出口，也能让对方更好地了解自己内心真实的感受。如果能够做到真诚地表达自己的感受，那么就说明你拥有良好的自我情绪觉察能力和掌控能力。

2. 学会缩减、夸张和代替这三种表达方式

“缩减”是有意识地控制自己的情绪，在某些特定的场合将较大的情绪缩减到最低程度。比如在课前听到一个好消息而难以抑制内心的激动，但是课堂上需要安静，因此必须缩减激动的情绪，遵守课堂秩序。

“夸张”是将某些正面情绪有意放大，从而让自己充分汲取正面情绪的能量。比如将快乐的情绪放大，让自己享受到更多的快乐；或者将成功的体验放大，从而获得最大化的成就感。

“代替”是将一些负面的情绪表达转化为正面的情绪表达。比如你过生日的时候，朋友送给你一件礼物，但是你并不喜欢，这时候你不能直接表达自己的情绪，应该换个说法，以欣然感激的态度代替“不喜欢”，这样才是最好的表达情绪的方式。

3. 坚定自己的立场，勇敢说“不”

适当地表达自己的情绪，并不是一味隐忍，只为了顾全表面上的人际关系而忽略自身感受。在一些特定的情境中，孩子也要学会勇

> 这世界除了心理上的失败，实际上并不存在什么失败，只要不是一败涂地，你一定会取得胜利的。
>
> ——简·奥斯汀

敢地说“不”。比如受到同学的欺负，或者面对同学提出的一些不合理的要求，就需要表达“不”的情绪。

适当地表达自己的情绪不仅是情绪管理的重要内容之一，也是人际沟通的内容之一。如果父母和孩子能够将“适当表达情绪”的艺术运用到实际生活中，一定会大有收获！

（五）心由境转：用最舒服的方式，创造情绪的闪光点

构建仪式：让某一天与众不同，让某一刻闪闪发光

世界上没有人不希望自己的生活变得更美好、更丰富，都希望自己可以一直处于正面情绪中，时刻享受快乐与幸福。

很多时候，生活中的亮点和正面的情绪，都是自己创造出来的，比如一场精心准备的求婚仪式，为喜欢的人策划一场生日派对，去自己喜欢的咖啡厅完成一天的工作内容或学习内容等。

法国童话《小王子》里有这样一段经典的对白：

狐狸说：“你每天最好在相同的时间来。”

小王子问：“为什么？”

狐狸说：“比如说你定在下午四点来，那么到了三点，我就会开始感到幸福。时间越临近，我就越感到幸福……我已经发现了幸福的价值……我们需要仪式感。”

小王子问：“仪式是什么？”

狐狸说：“它使某一天与其他日子不同，使某一时刻与其他时刻不同。”

这样一段简单的对话，却将仪式感说得透彻而深刻。那么，到底什么是仪式感呢？仪式感就是把日常的事情变得不那么日常而产生的一种神圣感，是让自己从一种情绪状态转换到另一种情绪状态的

最佳途径。孩子总喜欢对着叠好的纸飞机哈一口气，然后再用力将它抛向远方，这便是一种仪式感。新学期，孩子拿到崭新的课本时，总喜欢包上精心准备的书皮，这也是一种仪式感。无论是参加重要比赛，还是站在演讲台上，人们都会本能地产生紧张、焦虑、不安等负面情绪，这时，如果能够进行某种仪式，往往能使这些负面情绪得到缓解。这并不是一种迷信，而是经过科学研究证实的理论。

美国哈佛商学院助理教授艾莉森·伍德·布鲁克斯说："仪式感会给人们创造虚幻的控制感——控制自己降低焦虑，控制自己不要犯错，甚至帮助自己变得更好。"布鲁克斯教授还通过一系列的科学调查，来证实仪式感的作用。她从一所学校找来 85 名学生，要求他们在同伴面前演唱"Don't Stop Believing"(《不要停止相信》)这首歌。这些学生在演唱时都感到十分紧张。这时，她要求一半参演的学生将自己内心的感受写在纸上，然后将纸揉成团扔进纸篓里，并且暗示他们"紧张的情绪会随着废纸一同被丢弃"。

最后的测试结果是，那些扔过纸团的学生在演唱时心率比其他学生更加稳定。难道那些扔过纸团的学生内心的紧张情绪真的被丢弃了吗？当然不是，"扔纸团"的行为不过是布鲁克斯教授设计的仪式，她的目的仅仅是让那些参加过仪式的学生相信紧张的情绪已经被丢掉了而已。由此可见，仪式感确实能帮助人们控制、调节自己的情绪。

从心理学的角度来看，仪式感能够帮助我们转换某些情绪状态，让我们从一种情绪状态转换到另一种情绪状态。比如有一位女孩在失恋后伤心不已，然后在朋友的鼓励下去换了一个全新的发型。当女孩看到全新的自己时，悲伤的情绪也渐渐缓解下来。

作家王小波曾说："一个人只拥有此生此世是不够的，他还应该拥有诗意的世界。"仪式感的存在能够让荒漠般的人生中绽放出点点新芽，最后变成一片绿洲。当孩子学会通过仪式感来管理、调节自己的情绪时，自然能够用最舒服的方式，创造情绪的闪光点，并且让自己获得更多正面、积极的情绪。

营造氛围：做得精细，活得精致

如果父母和孩子观看过 TED（美国一家私有非营利机构，以它组织的“传播一切值得传播的创意”的 TED 大会著称）的演讲视频，肯定会发现，那些经历非凡的演讲者，都是营造氛围的高手。他们站在演讲台上，通过生动、活泼、非常态的语言艺术，以及绘声绘色的演讲方式来调动听众的情绪，甚至连他们的表情和肢体动作都能感染观众。

为什么这些演讲者能够轻易带动听众的情绪呢？一方面是因为其演讲内容有价值和吸引力，另一方面是因为听众沉浸在演讲者所营造的特殊氛围中。这两方面的因素也是决定演讲成功的关键。如果演讲者能够营造出好的演讲氛围，能够调动听众的情绪，那么演讲就是成功的。

人在不同的氛围中，情绪的变化起伏也很大。比如在安静的医院里，医生护士都穿着白大褂，四周弥漫着药水味，整体给人一种单调严肃的感觉。这时人也会变得安静，情绪变得低落，特别是看到一些重症病人时，甚至会生出悲观的情绪。这也是许多人不喜欢医院的主要原因。

而在甜品店里，氛围又完全不一样了。这些甜品店为了吸引顾客，往往在装修风格上选择甜美的暖色调，视觉上给人舒服的感觉。在甜品的颜色和味道上更是下足了功夫。在甜品店里，大人小孩都享受着美味的甜品带来的愉悦。在这样的氛围中，人的情绪很容易被感染。为什么孩子喜欢去甜品店、游乐场、动物园这些地方呢？就是因为这些地方充满了轻松愉悦的氛围，孩子能够在这里获得轻松愉悦的情绪体验。

在情绪管理法中，营造氛围也是帮助孩子积极控制情绪的重要方法之一。在良好的氛围中，孩子的情绪状态也相对良好；相反，在不好的氛围中，孩子的情绪状态也相对不稳定，且容易被负面情绪困扰。

那么，父母应该如何与孩子一起营造一个正面积极的氛围呢?

首先，孩子的情绪会受到家庭氛围的影响。如果父母的情绪稳定，家庭氛围和谐、阳光，那么孩子也会活泼开朗。如果父母经常争吵，家庭氛围不和谐，那么孩子的情绪也会不稳定，容易情绪低落或情绪暴躁。

同样的道理，如果父母想让孩子热爱学习，就应该给孩子营造一个良好的学习氛围。父母有学识、爱看书，孩子也会有样学样，爱上学习；父母下班回家就玩游戏、看电视，又如何要求孩子主动学习呢？所以，父母要以身作则，营造良好的家庭氛围。

其次，父母应该给孩子营造一个整洁干净的生活环境。乱糟糟的环境只会影响孩子的情绪，让孩子无法安心学习。而在整洁干净的环境中，孩子往往会心情愉悦，做事更有规矩。

最后，父母要引导孩子自己营造氛围。在生活中，孩子应该学会自己整理房间，书桌上的东西要摆放整齐，书柜里的衣服要叠好，书包里的课本和文具要归纳好。在学习中，孩子要选择有氛围的学习环境，

> **如果没有人向我们提供失败的教训，我们将一事无成。我们思考的轨道是在正确和错误之间二者择一，而且错误的选择和正确的选择的频率相等。**
>
> ——刘易斯·托马斯

整理出一张整齐的书桌，或者和同学一起去图书馆学习，找到自己最喜欢的学习环境和学习方式，激发学习动力，保持积极正面的情绪。

德国慕尼黑学前教育研究所所长福特·纳吉斯来中国交流经验时曾说："孩子的一生都会受到父母和家庭的影响。中国父母在教育孩子的时候要注意自己的一言一行。要注意教育方法，效果才能长久。"

父母和孩子一起营造一个良好的家庭氛围和学习氛围，才能让孩子在和谐温馨的家庭氛围中保持积极乐观的情绪状态，才能在舒适安静的学习氛围中无忧无虑地成长。

（六）学霸故事：拥抱情绪，勇敢出发

2018 年 3 月 3 日，早上 8 点 5 分，刚过完年准备返校的王露橙按掉了闹钟。她揉揉眼睛，按亮手机便看到一条邮件通知："您有一封邮件待查看。"睡眼惺忪的她随手点开，发现邮件的发送人是哈佛大学教育学院，标题是硕士的申请状态更新，"我当时心立刻就悬了起来，颤着手点进邮件的正文，是一条飘着彩带的录取邮件！"回忆起当时的场景，王露橙仍历历在目："当时妈妈还在睡觉，我摇醒了妈妈，轻声说'我被哈佛录取了'。"露橙的妈妈在采访中也说道："我高兴得不得了，心中也感慨万千，看着女儿从蹒跚学步到今天学有所成，她永远是我心头最最重要的牵挂。"

现在王露橙已经从哈佛大学教育学院毕业，并获得了"人类发展与心理学"方向的硕士学位。其实在王露橙光辉的成绩背后，并不是一帆风顺的"开挂人生"，有心理学背景的她也曾无助地寻求心理咨询师的帮助。王露橙坦然地说，自己也经历过不少挫折，曾被焦虑的情绪打败，和最爱的妈妈闹别扭，像无头苍蝇一样疯狂地努力，却越努力越失败。直到后来，她渐渐意识到，人不可以无视自己的情绪，

“认识自己的情绪，并学会积极地去调节自己的情绪，这会让你以健康的心态面对一切困难”。

王露橙与妈妈在哈佛大学的合影

越努力，越失败，越焦虑

王露橙从小就是一个听话的乖孩子，家里人也非常重视对她的教育与培养，妈妈直言道：“女儿的事就是天大的事。”而王露橙也格外争气，从小到大，她一直在重点学校学习，很少让家长失望，坚信着“一分耕耘，一分收获”。但到了高三这个人生最重要的转折点，她却发现，自己的努力行不通了。那时不会管理情绪的她也不明白：为什么自己的努力没有回报？

在一个省重点的超级中学里，王露橙从高一入学便开始规划、积累。到了高三，她更是珍惜每一分每一秒，“回想起来，其实我高三的时候完全没有放松的意识。”她在高三的备考时期，每天早上 6:15 起床后就开始学习，她不仅好好听课，自习时也全神贯注地刷题，而且连吃饭、喝水、上厕所都是以分秒计算的，“我不给自己停下来喘息的机会，甚至觉得放松、休息或者聊天都是一种罪恶。”然而，这样的努力并没有换来应有的收获，高三下学期，王露橙从第二名跌倒了第十名，第五十名，第一百多名……越拼命学习，成绩越下滑。“而且当时我觉得考试不理想的原因是我不够努力，所以越考不好，我越要努力。到后来，课间十分钟、午间休息的时间我全部用来背书、看作文、做习题。”现在回想起来，王露橙说，自己当时不曾觉察到负面情绪，一味地忽视甚至打压情绪，让自己越走越远，最后把自己逼到了绝路，彻夜失眠的王露橙高考时填错了文综的答题卡。

万幸的是，高考成绩不够理想的王露橙还是通过了北京师范大学教育学部的自主招生考试，开始了对教育的探索和实践之旅。

情绪认知：心态的转折点

进入大学之后，王露橙继续保持忙碌的状态，她早就制订好了出国读研的计划，于是从入学起便努力准备托福、GRE 等英语考试。她说自己有个别名——“忙碌橙”，上课、实习、学生组织、社团活动，她把自己的时间表排得满满当当，连暑假的时候都要去支教、上英语课、做志愿者，而没有回家。那时，王露橙的心理状态和高三时没有太大区别，只是把目标从高考换成了出国留学，每天都焦虑又疲惫。像鸵鸟一样把头埋进沙子里并不会让负面情绪消失，“我后来就陷入了自我怀疑与迷茫的僵局，为什么要这么忙？为什么要出国留学？为什么自己要那么努力？”有的时候，王露橙甚至觉得，她的父母为她规划好了五分之一的人生，从重点幼儿园到出国读书，一切生活被家长主宰，那时候她想挣脱所有的束缚，却发现很难与家人沟通，与妈妈的分歧越来越多。“我有段时间经常晚上睡不着，白天又困又乏，而晚上更加焦虑，甚至还患上了神经性头痛。”当身体亮起红灯之后，王露橙终于意识到，自己的生理和心理状态欠佳，她去了学校的心理咨询处。

在和心理咨询师的聊天中，王露橙明白了要直面自己的情绪和压力。她记得当时老师拿出了一张纸，上面有四个维度，包括工作学习、个人兴趣、人际交往和自我呵护，老师让她把在各个维度上花费的时间标注出来。“整个图一画出来，我就觉醒了，我发现自己把大部分时间都放到了工作和学习上，也没怎么和朋友见面，暑假也没有干自己感兴趣的事情，最后根本就没有给自己纾解情绪的时间。我意识到自己的状态不行，于是决定好好调整，让自己的生活有张有弛，让情绪也有自己的出口。”

王露橙谈到自己是如何调整情绪时说，第一步要接纳自己的一切情绪，尤其是消极的情绪。王露橙回想起来，感觉自己的家庭氛围非常“正能量”，妈妈在她不开心的时候会鼓励她保持积极的心态，希望她开心起来。当然，开心是件好事，可是在遇到不开心的时候，也不能一味地戴上“微笑”的面具，将不开心的情绪藏在心里。王露橙说：“任何人都有不开心、焦虑、迷茫、烦躁的时候，任何的情绪都是自然的。我们应当意识到自己的情绪，描述它、接纳它，下一次面对类似的情绪时，可以明白应该怎样处理。”

积极控制：坦然面对不完美

情绪调整是一个熟能生巧的过程，王露橙在觉察到自己的负面情绪之后，也渐渐对自己的情绪有了更好的把握，从各个渠道表达、抒发自己的情绪。“脆弱、失败、不安、痛苦，有这些情绪不一定是坏事，你也无须逃避。它是让自己变得强大的力量，是共情的开端，是人与人之间连接的开始。”王露橙在自己的日记里这样写道。通过描述自己的情绪、与自己对话，她成了情绪的掌控者，而不是一个所谓的“刀枪不入、百毒不侵”的没有情绪的假人。

刚到哈佛时，面对来自世界各地的顶尖学霸们的竞争与高强度的课业负担，王露橙有些无所适从。但这次面对压力与焦虑，她没有选择当一只逃避的鸵鸟，而是给忙碌的生活加了一个小小的仪式——

冥想。通过一段时间的放空，给自己焦灼、冲动的情绪降温，给大脑充足的时间追上思想。这样一来，自己能够以更加理性、冷静的情绪面对问题、解决问题，在提高效率的同时，也能让自己的身心得到适当的放松。除此之外，她也会跟家人、朋友、老师聊天，甚至会通过网络平台和更多人分享自己的体会和感悟。在自己的公众号上，她把大学生活、哈佛读研，以及关于教育、留学、旅行的点滴分享给大家，还会定期分享自己出国学习的感悟，并且在每年生日那天非常有仪式感地写一篇文章，回顾一年的付出与收获，并对来年进行展望。

学会调节自己的情绪后，王露橙和家人的关系也更加和睦，“之前我会埋怨妈妈把大部分的心思放在我的身上，但我后来知道，这是她希望我幸福快乐、不走弯路的表现。妈妈的共情能力特别强，有时我不开心了，她会比我更不开心，然而这样对处理情绪是没有帮助的。我后来会对妈妈说，我现在只是情绪不好，需要发泄一下，让她不要担心。她也会更加宽容，现在我和妈妈就像是一对好姐妹。”

王露橙的妈妈说起自己的育儿经，这样总结道：“我与女儿一起成长着。没有人天生就会当妈妈，在女儿成长的过程中，我自己有时也会犯错，甚至手足无措。但正因为如此才促使我不断学习。首先要关爱自己，才有能力和精力去关爱其他人，我也试着管理自己的情绪，与女儿共同成长。其次，作为家长，我们要多与孩子交流，体会孩子的真实感受，多一分理解，少一分责骂，与孩子进行心与心的沟通，才能成为孩子的知心朋友。”

有了长远的目标，才不会因为暂时的挫折而沮丧。

——查尔斯·C. 诺布尔

三、时间管理法(efficiency)——告别低效勤奋

1. 如何找到适合自己的时间管理方法，做时间的主人？

2. 想要制订切实可行的计划，有条不紊地实现目标却又无从下手？

3. 高效人士都在使用的番茄工作法和二八法则都是什么？

为什么我们常常感觉到“还没做什么事情，一天就已经过去了”？实际上，这是缺乏专注、缺乏时间管理能力的典型表现。很多时候，我们都在无谓的忙碌中将自己的时间消耗殆尽，结果一件事情也没有做好。效率决定价值，如何将学习效率最大化？不妨从优化时间管理入手。

（一）时间管理：用更少的时间做更多的事情

时间的意义就在于时间有尽头

时间是什么？千百年来，人类一直在寻找这个问题的答案。

在古希腊，时间的定义问题让哲学家和数学家绞尽脑汁，却始终没有得出确定的答案。英国物理学家牛顿说：“时间是一个被神秘气息覆盖着的客体，因为时间独立于任何物体，在一切之上，是绝对的。”后来，爱因斯坦指出，时间并不是大自然中的“一条自由自在的狗”，而是一个实实在在的尺度。再后来，斯蒂芬·霍金根据爱因斯坦的广义相对论提出了自己的观点：宇宙中的时间是有一个起始点的，它由宇宙大爆炸开始，这个起始点被称为“奇点”，“奇点”没有“之前”一说，讨论在此之前的时间是毫无意义的。我们也不能把时间、空间、物质三者分开解释。因为时间与空间一起组成四维时空，构成宇宙的基本结构。所以物质与时空并存，只要有物质存在，

时间便有意义。

现代物理学将时间定义为，人类用以描述物质运动过程或事件发生过程的参数，是物质的运动、变化的持续性、顺序性的表现。虽然我们可以在日常生活中度量时间，甚至可以把“时间”戴在手腕上或者挂在墙壁上，但是我们对于时间的抽象概念仍旧很模糊。

如果时间的起始点是宇宙大爆炸，那么时间的尽头又在哪里呢？

斯蒂芬·霍金曾经说过：“时间有开始，也有尽头。”根据“宇宙大爆炸理论”，宇宙始终处于不断膨胀的状态，直到未来的某一天，宇宙膨胀得过大，再也无法支撑自己的质量，便会向内坍缩，最后形成一个巨大的黑洞。这个黑洞便是时间的“尽头”。

虽然时间有尽头，但是对于人类来说，时间仍旧是“永无止境”的——不断向前，持续进步。关键在于，时间的意义究竟是什么？英国作家珍妮特·温特森在《时间之间》中写道：“时间的意义就在于时间有尽头——如果时间无穷尽，那时间就不是时间了，不是吗？”在不断向前的时间的长河里，每个人一生所拥有的时间都是有限的，区别在于有的人虚度了光阴，浪费了时间；有的人却懂得珍惜时间，在有限的时间里做更多有意义的事情，为每一分、每一秒的时间都赋予了价值和意义。

时间是上帝送给每个人最公平的礼物，时间面前，人人平等。不管人们拥有多少财富、掌握多大的权力、拥有怎样的出身，每个人每天都只有 24 小时，关键在于你用什么样的态度对待时间。

英国著名的博物学家、教育家赫胥黎有一句名言：“时间最不偏私，给任何人都是 24 小时；时间也是偏私的，给任何人都不是 24 小时。”

赫胥黎之所以这样说，是因为那些懂得时间管理的人，能够把握好每一分、每一秒的时间，高效率地学习、做事，一天 24 小时的时间，在他们手中好像被“拉长”了一样。他们总能在相同的时间内做更多有意义的事情。而那些不懂时间管理的人，却总是将大把的时间浪费掉，同样是一天 24 小时的时间，他们却任其从手中悄然流逝而毫无察觉。

时间的意义就在于时间有尽头。那么，我们应该如何让有限的时间发挥最大的效率呢？时间管理法所主张的就是学会时间管理，在最短的时间内高质量地完成目标，让时间体现出真正的价值。

就算只有几十年，也要做时间的主人

时间的重要性不言而喻，生活中都需要好好把握时间，父母的工作如此，孩子的学习也如此。如果不能管理好自己的时间，生活、工作、学习都会变得一团糟。

诺贝尔文学奖获得者川端康成说过：“荒废时间就等于荒废生命。”鲁迅也曾经说过：“浪费自己的时间等于慢性自杀，浪费别人的时间等于谋财害命。”

珍惜时间的道理我们都明白，然而，现实中人们对于时间的管理情况却并不乐观。很多人一边感叹人生苦短，一边又在浪费生命。“美好的童年转瞬即逝，青春岁月说没就没，还没有接受自己已经步入中年的事实，白发又悄悄攀上了发梢。或许只有到临死前的那一刻，才能真正认识到时间的意义。”不知你是否曾经因为社交媒体上这样的话语感到焦虑。

还未建立起时间观念的孩子，难免做事拖拉、学习效率低下，明明可以在下午六点完成的作业，非要磨蹭到晚上八点。于是，有的父母就开始念叨“别人家的孩子”。为什么有的孩子自制能力强，学习的时候不分心、不贪玩，学习成绩也不用爸妈操心呢？事实上，真正拉开孩子之间差距的，不是智商差异，而是是否养成了良好的时间管理习惯，实现高效的学习。

有的孩子在父母的引导和帮助下，将时间管理得很好，他们能够安排好自己的日常计划，什么时间写作业，什么时间看课外书，什么时间玩耍、运动、看电视，什么时候上床睡觉……一旦养成良好的习惯，这些事情基本不需要父母多费心。

不懂时间管理的孩子，作息时间不规律，不仅吃饭、睡觉磨磨蹭蹭，写作业拖拖拉拉，而且还会影响上课时的分配性注意力和持续性注意力，因此导致学习成绩落后。孩子年幼时期形成的习惯，可能会伴随孩子一生。

美国管理学大师彼得·德鲁克说过："不能管理时间，便什么也不能管理。时间是世界上最短缺的资源，除非严加管理，否则就会一事无成。"那些传说中的学霸，都是时间管理的高手。他们的学习能力极强，懂得如何高效学习，如何在最短的时间内完成学习计划，最终取得优异的成绩。

本章对时间管理法的介绍会让父母和孩子对时间概念有一个全新的认识，并且找到时间管理的具体合理的方法，最终让孩子成为时间的主人。时间管理法尤其有助于培养孩子的分配性注意力和持续性注意力。当孩子真正掌握了时间管理法，便能合理安排自己的时间，合理分配自己的注意力，并且能在特定的时间内持续集中注意力，最终获得高效而专注的学习能力。

按照自己的意志去做，不要听那些闲言碎语，你就一定会成功。

——纳斯雷丹·霍查

（二）立足全局：以目标为导向

计划做得具体，执行才能做得切实

孩子渐渐认识到时间的重要性和时间管理的必要性之后，父母需要引导孩子立足全局，站在“时间掌控者”的位置上，为自己制订具体的学习计划——只有将计划做得具体，执行才能做得切实。

如果孩子的学习总是没有计划、漫无目的，他们就很难集中注意力，也很难把握、利用好自己的时间。相反，如果孩子有了详细而清晰的计划，他们便有了前进的方向，也知道要将自己的专注力集中在哪里，让每一分每一秒的时间都发挥最大的功效。美国现代成人教育之父戴尔·卡耐基曾经说过：“做一件事，说一句话，无论事情的大小，说话的多少，你都得自己先有了计划，先问问自己做这件事，说这句话有没有意义。你能这样做，就是奠定奋斗基础的开始。”对于孩子来说，计划就像“行动指南”一样，无论做什么事情，都必须先有计划——哪怕只是头脑中简单的构思，然后才能付诸行动。

没有计划的孩子，生活和学习中会变成什么样子呢？他们在生活中可能像“无头苍蝇”一样，不知道什么时间做什么事情：父母给的零花钱总是提前花光；学习毫无目标，只知道被动地接受老师讲解的知识；上课时总是找不到课本和需要的学习用品；放学后，老师布置的家庭作业总是无法按时完成。如果孩子经常在生活和学习中出现这样的情况，就说明他们做事缺乏计划性和条理性。

还有一些孩子，在父母的引导和鼓励之下，给自己制订了学习计划，比如“周末利用一天时间将作业完成”“一个月之内要让成绩有所提升”“这学期要让爸爸妈妈看到自己的进步”，等等，可最后的学习成果依旧很一般，这是为什么呢？这是因为他们给自己制订的计划过于模糊和空泛，因而在执行过程中无法抓住准确的目标和时间点，从而无法集中自己的专注力完成这些计划。时间在这些模糊空泛的计划中悄然流失，就像沙子流过指缝一样，孩子毫无察觉，最后的结果往往是计划没有完成，时间也白白浪费掉了。因此，父母在引导和鼓励孩子做计划时，一定要具体明确，不能模糊空泛。

制订计划的第一步是确定目标。根据美国心理学家洛克的“目标设置理论”，目标的设置最好是具体明确的。比如将“周末利用一天时间将作业完成”换成“我要在 10 分钟之内做 15 道数学题”；再比如将“这学期要让爸爸妈妈看到自己的进步”换成“将数学成绩从 70 分提高到 90 分”。

制订计划的第二步是列出实现目标的具体步骤。如果目标是终点，那么具体实施的步骤就是“路线图”，为了达到那个目标需要经过哪些地方，需要做什么事情。比如确定的目标是“月考拿第一名”，为了实现这个目标需要看多少书、做多少练习题等。

制订计划的第三步是给每一个步骤打上“时间戳”。这也是最重要的一步。确定的目标再远大，实施的步骤再完美，也只是一张“空头支票”，只有给计划中的每一个步骤设置完成时限，才能让计划变得有价值。有了具体的完成时限，孩子才能明确地知道自己完成某一个步骤需要花费多长时间。

父母不仅要引导和鼓励孩子自己制订学习计划，让孩子能够有条不紊地获取知识，把握好时间。同时还需要注意，计划不能模糊空泛，而应该具体明确，这样孩子才能找准目标，并且一步一步靠近目标，不会迷路。

稳扎稳打，确保计划的高效实现

有了具体明确的计划，还不足以让孩子真正成为“时间的主人”。因为计划再好，也只是停留在口头或书面上的东西，只有付诸行动，才能将计划变成现实。

美国保险业之父格莱恩·布兰德在自己的著作《一生的计划》中写道："目标和计划是通向快乐与成功的魔法钥匙！有了明确的学习目标和计划，并把它们写下来付诸行动的人，他们将来的成就，是有目标和计划但仅停留在脑子里或纸上的人的 10 至 50 倍。"

一个计划再完美，如果只是坐而论道，光说不练，没有被执行，也产生不了任何效果。如果不想让孩子成为"理论上的巨人，行动上的矮子"，就应该让孩子立即行动起来，稳扎稳打，按计划执行每一项任务、完成每一个步骤，从而做好时间管理。

第一步：引导孩子记录时间，了解自己的时间都用在了哪些地方

孩子在执行计划的过程中，难免会遭遇"时间小偷"——明明一件事情只用半小时就可以完成，最后却花了两个小时，比如孩子本想用手机查一个单词的汉语解释，结果打开手机刷了朋友圈，看了几个小视频，听了几首歌，时间就这样不知不觉地被"偷"走了。

如果孩子没有记录时间，就不知道时间去了哪里。时间记录能够帮助孩子检视自己的行为，也让孩子知道自己在规定的时间内都做了哪些有价值、有意义的事情，给自己带来了什么收获；一些无关紧要的事情花费了自己多少时间。

父母可以鼓励孩子记录一天的时间，学习用了多少时间，吃饭、睡觉、休息娱乐用了多少时间，等等。当孩子知道时间的"去向"之后，便能做好取舍，把时间用对地方。

第二步：在一定时间内对照计划进行反思，有反馈才知道自己到底走了多远

在制订好的学习计划中，每一个步骤都有具体的完成时间期限，孩子可以根据计划执行的进度进行自我反思，比如"今天我完成了哪些学习目标？”“这一周我的学习成绩提高了多少？”“我离自己的终极目标还有多远？”等等。

这样的反馈就像“学习总结”一样，能够帮助孩子自我检视，让孩子更好地把握自己的执行力，即自己在一定时间内可以做多少事情，是否到达了极限，有没有提升空间等。

孩子在自我检视时发现一些较大、较难的目标，可以运用分解思维，将一个大目标分解成若干个小目标，这样也能提高执行的效果。无论是大目标还是小目标，尽量在计划好的时间期限内完成，不给自己拖延的机会。

第三步：根据计划的执行情况，给自己相应的惩罚或奖励

奖惩机制在教育及家庭生活中十分常见。当孩子的行为得到奖励时，会获得正面积极的心理体验，从而加强这一行为；而当孩子受到惩罚时，会获得负面消极的心理体验，从而避免或减少这一行为的出现。

在执行计划的过程中，如果父母可以和孩子商量制定相应的奖惩机制，往往能让计划更加高效地执行。父母和孩子可以提前商量好奖励的内容，用奖励来激励孩子完成任务。这样的奖励能够让孩子获得轻松愉悦的心理体验，在完成下一个任务时，更有活力与自信心。当然，在执行奖惩机制时，父母需要做的不仅是监督，更重要的是在奖励和惩罚之后与孩子就这件事进行详细的讨论：为什么我没有完成计划的任务？以后如何避免？这次任务顺利完成的原因是什么？成功的经验是什么？如何才能做得更好？等等。引导孩子自我反思，加深孩子的印象和体验，从而更好地辅助孩子进步。

约翰·罗斯金有一句名言：“上帝绝不会只赋予你使命，而不给你时间去完成。”在执行计划的过程中，父母一定要做好引导和监督，让孩子逐渐养成准时、守时、不轻易浪费时间的好习惯，更要让

> 要有生活目标，一辈子的目标，一段时期的目标，一个阶段的目标，一年的目标，一个月的目标，一个星期的目标，一天的目标，一个小时的目标，一分钟的目标。
>
> ——托尔斯泰

孩子明白，计划中的每一个目标、每一个步骤都有完成的时间期限，只有准时地完成，才能确保计划的高效实现。

（三）番茄工作法[①]：高效利用25分钟

让时间的概念从“点”变成“线段”

父母都希望孩子能够管理好自己的时间，却又苦于没有好的时间管理法。关于时间管理的书籍和方法不计其数，真正起作用的却少之又少。时间管理法中提到的“番茄工作法”是一个很好的解决方案。番茄工作法也是时下最流行、最简单的时间管理方法之一。那么，番茄工作法究竟是一种怎样的时间管理法呢？

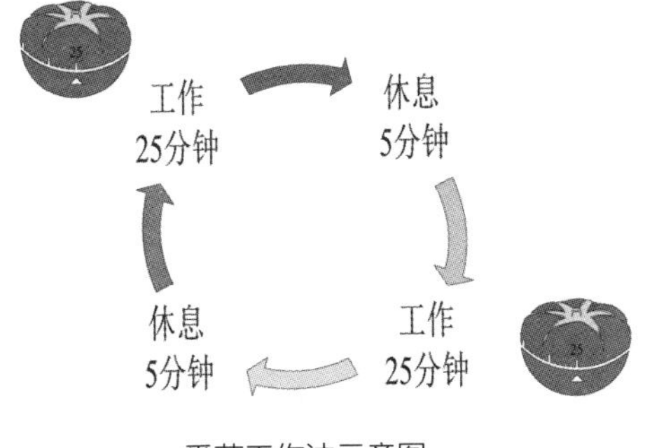

番茄工作法示意图

① Wiley, D.(2010).Pomodoro Technique Illustrated: The Easy Way to Do More in Less Time. Online, 34(4),63.

番茄工作法将工作时间分割成一个个“番茄时间”。首先，选择一项待完成的任务，将番茄时间设置为25分钟，然后专注地学习或工作，中途不被任何与该任务无关的事情打扰，直到番茄时间响起，可以休息5分钟；当完成3—4个番茄时间后，就可以进行15—30分钟的长时间休息。番茄工作法的具体的操作流程如下：

步骤一：准备好工具

番茄工作法所需要的工具十分简单：一支笔、两张纸和一个定时器。定时器不一定是番茄钟，任何形式的计时工具都可以，比如闹钟、沙漏等，最好不要使用手机，因为手机中的其他应用软件会吸引孩子的注意力。

在两张纸上画两个表格，一张是“今日待办事项表”，另一张是“活动清单表”。“今日待办事项表”需要填上当天的日期，列出当天必须完成的任务，每天更换一张。“活动清单表”是你近期需要完成的任务，可以根据轻重缓急排序。一张“活动清单表”可以用很多天，随时增加新的任务，已经完成的任务划掉即可。

步骤二：确定你的番茄时间

接下来，父母和孩子进行沟通以确定番茄时间，可以是25分钟，也可以是1小时。如果孩子将自己的番茄时间设置为25分钟，那么接下来的25分钟就必须专注地学习，然后休息5分钟，再开始下一个番茄时间。当孩子完成3—4个番茄时间后，可以休息15—30分钟。

当孩子以25分钟为一个番茄时间处理“今日待办事项表”中的任务时，就会发现自己的效率提高了很多。因为在这25分钟之内，孩子只专注于做同一件事情。25分钟不算太长，如果没有特别紧急的事情，正常人在25分钟内保持专注力的难度并不是很大。

一个番茄时间通常只处理一项任务，如果这项任务过于复杂，可以分成若干个番茄时间去完成；如果任务很简单，还可以将几项小任务合并在一个番茄时间内完成。

记住，番茄钟响起的时候，孩子应该停下手中的任务，让大脑得到休息。这时，孩子最好不要想刚才处理的任务，也不要想接下来要处理的任务，休息时也要专注于休息。

步骤三：应对干扰

哪怕番茄时间只有短短的 25 分钟，但仍有可能受到各种干扰而无法保持专注。这些干扰主要以两种形式出现，一是内部中断，二是外部中断。

内部中断是指自己突然想到有其他的事情要做，比如需要给同学回个电话，这时可以把突然想到的事情写进“今日待办事项表”，然后继续完成这一个番茄时间，不要中断。

外部中断是指另有一些紧急重要的事情需要马上处理，这时应该放弃这个番茄时间，哪怕只剩下 5 分钟也应先处理更紧急、更重要的事情，然后再开始一个新的番茄时间。

番茄工作法能够让时间的概念从“点”变成“线段”，让孩子更好地进行时间管理，也能够让时间的分配变得有迹可循。正确地使用番茄工作法不仅可以帮助孩子提高对学习任务的预估能力，还能让孩子了解自己的学习效率如何，从而更有针对性和目的性地进行改善。

在成就感中逐步攀升到更高峰

番茄工作法是由瑞典作家弗朗西斯科 · 西里洛提出来的。弗朗西斯科·西里洛上大学时曾是一个“学渣”，还是一个重度拖延症患者，完全不懂时间管理。在大学期间，他无法专心学习，学习效率低下，每天都生活在迷茫之中。他不知道自己在大学里收获了什么，只知道自己每天都在浪费时间，学习时三心二意，总是花很多时间在游戏娱乐上，这导致他的学习成绩一塌糊涂，每次考试前都感到巨大的压力。

后来，他认真审视了自己，并且和自己打赌："我能不能专心学习10分钟？"他从厨房里找来一个计时器，形状看起来像一个番茄，这也是"番茄计时"的由来。很遗憾，这次打赌他输了。他居然连10分钟都坚持不了。不过，这反而激发了他的斗志。他开始寻找方法，不断进行尝试，最后发明了简单易行的番茄工作法，从此吸粉无数，走上了人生巅峰。

番茄工作法能够有效改善孩子在完成学习任务时产生的焦虑感，让孩子将专注力集中到学习任务本身上来。在一个番茄时间里，孩子往往能够心无旁骛，大脑快速运转，思路更加清晰，注意力也更加集中，从而有效提高孩子完成学习任务的效率。

在番茄时间里，孩子可以将复杂的学习任务分解为一个个简单的番茄时间，这样能够减少孩子对某些复杂的学习任务的惧怕心理。另外，番茄工作法还允许孩子根据自己的特点对番茄时间进行调整，如果孩子觉得 25 分钟的番茄时间不适合自己，也可以把番茄时间调整为其他更长或更短的时间，并相应地调整中间的休息时间。量身定做的番茄工作计划能够让孩子做事更有目标性，而且在完成一个番茄时间后更有成就感。

成就感是提高孩子学习效率最好的动力。从心理学的角度来说，成就感是一种积极的情绪体验，是孩子实现自我价值并且获得认可的一种"奖励"。

黑格尔在他的《美学》一书的绪论中举了一个耐人寻味的例子："有一个小男孩将一块石头扔进了河水，当他以惊奇的目光去观看河水中荡出的圆圈时，他觉得那是一个作品。在这个作品中，他看到了

> **世界上只有两种物质：高效率和低效率；世界上只有两种人：高效率的人和低效率的人。**
>
> ——萧伯纳

他活动的结果。”

黑格尔所说的“他看到了他活动的结果”，其实就是一种成就感。换句话来说，成就感就是孩子在完成学习任务、取得成功后产生的满足感。由于孩子成功完成了任务，获得了鼓励或表扬，这种满足感便会被加强，并产生继续完成下一个学习任务的动力。

番茄工作法的最终目的就是，让孩子从完成一个个番茄时间任务所带来的效率提升中获得丰富的成就感和满足感。当孩子有了成就感之后，便会更加热情、专注地学习，在成就感中不断提高自己的学习效率，并且逐步攀升到更高峰！

值得一提的是，现在有一些手机 App 也运用了番茄工作法，比如番茄土豆，在运行时可以屏蔽手机其他软件的运行，能够让“手机控”更加专注地学习。

（四）二八法则：用有限的时间，做对的事

明确：凡事皆有轻重缓急

现代人大多处于“两眼一睁，忙到熄灯”的状态中，虽然每天会耗费大量的时间工作、学习，但是最后得到的回报却微乎其微，这是为什么呢？究其原因，还是不懂得科学地管理时间，没有明确的目标，不懂得凡事皆有轻重缓急，时间应该用在刀刃上。

无论是父母还是孩子，肯定都有过这样尴尬的经历：明明一件

事情可以很快做好，却因为其他事情而被耽搁，未能及时完成；明明自己制订的学习计划很轻松，却因为其他事情的干扰而“泡汤”。而且，随着时间的推移，这些没有做好的事情、没有完成的计划会越积越多，越来越急。这时如果能够明确事情和任务的轻重缓急，优先处理最重要和最紧急的事情，就不会出现这样的尴尬情况了。

美国第 34 任总统艾森豪威尔提出过一个充满智慧的“十字时间计划”，它能够帮助我们明确地知道自己的时间应该用在什么地方。“十字时间计划”的具体操作流程如下：

首先画一个十字，然后分成四个象限，分别将重要紧急的事情、重要不紧急的事情、紧急不重要的事情、不重要不紧急的事情分别放在不同位置。

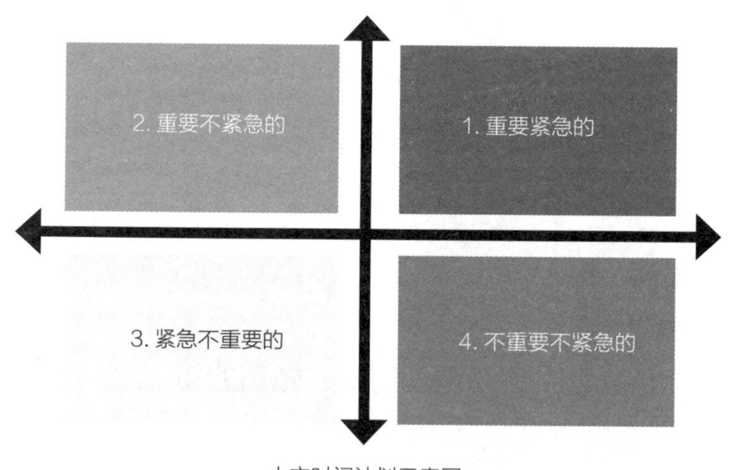

十字时间计划示意图

第一象限：重要紧急的事情，必须马上处理

重要是指事情的影响力较大、意义重大，甚至会严重影响其他事情的进展的事情；紧急就是需要马上处理、马上要做出反应的事情。这一象限里的事情包括老师布置的课堂作业、马上要进行的英语考试、课堂上举手回答问题等。这一象限里的事情十分重要紧急，需要孩子集中精力马上处理。如果出现拖延、处理不当等情况，会让事态变得更加紧急，并且造成恶劣的影响。

第二象限：重要不紧急的事情，不能被忽略或遗漏

尽管这一象限里的事情没有太大的紧迫感，却有着长远的影响力，它主要包括孩子的家庭作业、学习规划、理想、抱负等。举一个简单的例子，老师布置了暑假作业，虽然孩子有很长一段时间可以完成，时间上并不紧急，而且很自由，但是孩子必须耗费大量的时间才能完成。如果在完成过程中出现一些突发状况或其他问题，都有可能让第二象限里的事情变成第一象限里的事情，那时孩子就需要更多的时间和精力去处理了。

第三象限：紧急不重要的事情，可以适当忽略

孩子可以自己设想一个情境：休息日，你独自在家写作业，或者正躺在沙发上看书，这时电话铃声忽然响起，原来是同学打电话邀请你去逛书店买习题册。

尽管这件事情显得十分紧急，但是并不重要，甚至可以不去。如果你没有拒绝同学的“盛情邀请”，一同去书店，那么，你手上的作业将会完成不了，影响你接下来的学习进度和计划。同学的邀请虽然紧急，但并没有特别的意义，反而可能会影响你正常的学习与生活，说明这是一件第三象限里的事情，如果你按第一象限里的事情去处理，显然是错误的。

第四象限：不紧急也不重要的事情，要避免沉溺其中

这一象限里的事情可以做也可以不做。不过，它们对孩子的生活应该是有益处的。由于它们不紧急，也不重要，所以要孩子避免沉溺其中，不要花费太多的时间和精力。比如平常生活中的游戏、上网、逛街、看电影、听音乐等。

时间管理的第一大关键，就是要有明确的目标性，要分清事情或任务的轻重缓急。当父母完全领会了艾森豪威尔的"十字时间计划"的含义之后，也可以将这个时间管理的方法教给孩子，让孩子学会将生活中的事情分类，并且按紧急和重要程度将这些事情合理地划分到不同的象限中。这样不仅可以避免再出现手忙脚乱的情况，还能提高效率，将时间的价值发挥到极致，更有利于问题的解决。

选择：必要的舍弃是为了最后的胜利

除了"十字时间计划"，还有另一个时间管理法也十分重要，那就是"二八法则"。这个概念对于学管理学的人来说，肯定不会陌生，"二八法则"是19世纪末由意大利经济学家维弗雷多·帕累托首次提出的。

1897年，意大利经济学家维弗雷多·帕累托开始注意到19世纪英国人的财富收益模式，在调查取样中他发现英国大部分的财富都流向了少数人。同时，帕累托还发现了一个十分重要的现象：一个族群占总人口数的百分比和他们所享有的总收入之间存在一种微妙的关系，而这种微妙的关系存在于不同的时期和国家。无论是早期的英国还是其他国家，都存在这种微妙的关系，而且在数学上呈现出一种稳定的状态。

后来，帕累托又进行了大量的调查，再次指出，社会上20%的人占有80%的财富。也就是说，人口之间的财富分配不平等。同时，帕累托还发现生活中同样存在很多不平衡的现象，他说："这些不平等的关系，都可以用'二八法则'来解释，虽然从统计学上看，精确的80%和20%不太可能出现，不过这个定律仍然能够用来解释大多数的现象。"

“二八法则”不仅广泛应用于经济学、管理学领域，而且对于孩子的时间管理也有着十分重要的现实意义。它能够帮助孩子进行正确的选择，将自己的时间和精力花费在最重要的“20% 的事情上”，其余“80% 不重要的事情”可以以后再去完成。

每个人都希望在有限的时间里做更多的事情，但是“二八法则”告诉我们，做任何事情都要主次分明，有时，必要的牺牲也是为了最后的胜利！

生活中，“二八法则”也随处可见，比如20% 的人偏向于正面思考，80% 的人倾向于负面思考；20% 的人有自己的目标，80% 的人总爱瞎想；20% 的人在问题中找答案，80% 的人在答案中找问题；20% 的人注重长远，80% 的人在乎眼前；20% 的人能把握机会，80% 的人却错失机会等。

很多父母和孩子都很容易落入时间管理的误区，将自己的时间和精力花费在不重要的地方。可是，如果细心总结，就会发现，自己投入了 80% 的时间和精力，最后却只有 20% 的回报。

如果父母和孩子懂得利用“二八法则”来管理自己的时间，就能让时间发挥最大的功效。父母可以引导孩子制订好一天的学习计划，把今天需要做的事情全部罗列出来，然后将最重要的几件事情划上重点，归纳到“20%”的范畴内，投入 80% 的时间专注完成这

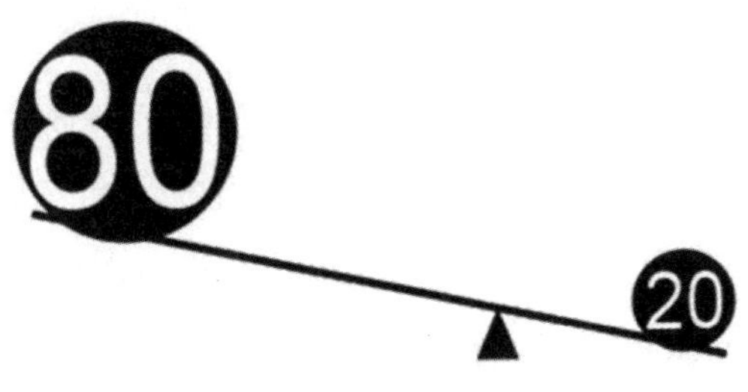

二八法则示意图

人应当相信，不了解的东西总是可以了解的，否则他就不会再去思考。

——歌德

几件事情；其余一些不重要的小事归纳到“80%”的范畴内，用20%的时间完成它们。结束一天的学习之后，再去总结一天的学习情况。

孩子一定会惊讶地发现：当他们将80%的时间投入到“20%的事情”上时，学习效率得到了明显的提升，并且在“20%的重要的事情”上所获得的回报，要远远大于“80%的不重要的事情”上所获得的回报！

（五）转换自如：玩转时间的方法

尊重时间的活性与弹性

成功学上有一个著名的“付出定律”：你所有的付出都会得到回报，同时你的回报都源于你的付出。如果你得到的东西不多，就只能说明你付出得太少。很多时候，付出和回报都是相互作用的，如果你没有在春天努力播种，又如何期待在秋天收获成功呢？

但是，在某些特殊的时刻，我们必须选择正确的付出方式，而不是盲目地付出。如果我们在某一件事情上花费的时间太多，往往会让思维陷入麻木迟钝的状态，这时候的付出就很难有所回报，就算有回报也是微乎其微的。家长肯定也有过这样的体验：无论做任何事情，如果一直无间断地做，总会有感到厌烦的时候。即使一直“坚持”做下去，花费了大量的时间，也可能无法将事情做好。

尽管我们都希望自己拥有较强的持续性注意力，将一件事情一鼓作气地做到完美无瑕，但我们不得不面对这样一个现实，每个人在同一件事情上保持专注的时间是不一样的，年龄较小的孩子，保持专注的时间更短。毋庸置疑，如果孩子能够长时间地保持专注，无论是上课听讲、做作业，还是进行其他活动，都能够高效完成，这是孩子的最佳状态。但是，科学研究早已证明，大部分成年人的专注力也只能保持 20—25 分钟，除了极少数孩子能够长时间将自己的注意力集中在同一件事情上，大多数孩子无法长时间保持这样的注意力。

而且，在现实生活中，我们时常会遇到“计划赶不上变化”，并且因此产生焦虑感——既然做好了时间规划，就要严格按照计划表上的时间来完成任务，这容易陷入按部就班的境地。我们需要注意两点：一是计划表上的时间不是“死”的，它应该根据个人能力、任务的难度及突发状况等因素，进行合理的调整；二是时间本身并不是“死”的，我们应该尊重时间的活性与弹性，合理安排好时间，科学地制订计划。

孩子如果长时间学习同一个科目或内容，往往会感到疲乏，从而导致专注力降低。当孩子开始走神时，父母可以引导孩子换一种思维方式，转换学习内容，或者劳逸结合地做其他事情，灵活地安排自己的作息时间以提高效率。

在课堂上，老师发现学生出现注意力不集中的情况时，可以停下讲课，给孩子讲一些趣味笑话，或者布置课堂作业，让孩子紧绷的神经得到放松与缓解，然后更加高效地进入学习状态。

课间休息 10 分钟，也是为了让孩子劳逸结合。孩子要好好利用这 10 分钟的时间，除了收拾课桌、准备下节课需要的学习用品以外，还应该走出教室，呼吸一下新鲜空气，与同学聊天，或者进行适当的体育活动。

放学后的时间，孩子应该尽量放松自己，不要想学习方面的事情，可以做自己喜欢的事情，比如与同行的同学聊聊天、听一听流行音乐、玩几局小游戏等。但在回到家之后，要专注地完成自己的家庭作业。如果有不同科目的作业，可以根据自己的喜好、作业的难易程度，灵活安排不同科目作业的完成时间，每隔半小时，或者完成一科作业之后，就要离开书桌，站起来走动走动，或者闭目养神片刻。

暑假里，老师布置了很多科目的作业，与其做完一科再去做别的科目，不如每天安排不同的科目。做语文作业累了，可以换一种思维，做数学题；做数学题累了，可以背诵英文单词。

只有像这样尊重时间的活性与弹性，才能让孩子真正做到劳逸结合，同时也让孩子的转换性注意力与分配性注意力得到不断提升。

巧妙安排：获得量力而行的掌控感

很多人在进行时间规划时，都会被"时间错觉"影响。比如有的孩子总是高估自己的能力，以为自己能够在规定的时间内完成某项学习任务，可是在执行过程中却问题频发，完成任务的进度远远没有自己预估的那样快。因此，在制订学习计划的时候，一定要量力而行。

要正确认识孩子的学习能力，父母要帮助、引导孩子，根据自身的学习能力制订相应难度的学习计划，并且保证自己有足够的时间完成。千万不要以为自己"还有很多时间"。

1. 孩子可以分时间段规划学习任务

孩子可以在不同的时间段学习不同学科的功课，而不是长时间、无间断地学习一门学科。

比如休息日，孩子可以在早上 9:00—11:00 学习数学；中午 11:00—13:00 享受美味的午餐，并且适当休息，为下午的学习补充精力；下午 13:00—15:00 学习语文；15:00—16:00 冥想，放松大脑；16:00—18:00 学习英语；晚饭后对一天的学习进行总结与复习。通过这样巧妙的时间安排，能够帮助孩子自如切换学科学习，从而更好地分配自己的时间与精力，让学习效率大大提高。

2. 寻找适合学习的“黄金时间段”

电视台播放节目的时候，有一个“黄金时间段”，也就是收视率最高的时段。同样的，孩子在学习过程中，也有自己的“黄金时间段”。在“黄金时间段”学习，往往能够获得事半功倍的效果。那些不懂得利用“黄金时间段”学习的孩子，通常会陷入“瞎忙”的怪圈——在适合学习的“黄金时间段”玩耍、看电视；在适合休息的时间段，又拿起了书本，开始写作业。以这样不科学的方式安排自己的作息时间，只会让孩子陷入疲惫的状态中，学习效率大打折扣。

那么，一天中哪些时间是适合孩子学习的“黄金时间段”呢？

生理学家研究发现，人在一天中头脑最清醒的时间段有四个。

清晨起床后，孩子的大脑处于最清醒的状态，因为一夜的休息让前一天的疲劳感消除。这时候，无论是背诵诗词、英文单词，还是做题，都能够取得良好的效果。

早上 8:00—10:00 是最适合孩子学习的“黄金时间段”，这时候孩子的大脑飞速运转，十分活跃。可以利用这一时间段集中自己的精力，学习一些分析思考性较强的内容。

下午 16:00—18:00 是另一个适合孩子学习的“黄金时间段”。孩子可以利用这一时间段来复习功课，加深印象，巩固课堂上所学的知识，完成较复杂的课堂作业等。

入睡前的一个小时，孩子可以对一天所学的知识进行回忆，从早上起床到晚上睡觉之前，完整地回忆一遍，问自己：学到了什么？

有什么收获？这个时间段记住的东西，往往不容易忘记。

3. 不要随意浪费你的"零碎时间"

巧妙地安排自己的时间，除了把握好"黄金时间段"，还不能随意浪费自己的"零碎时间"。

每个人的一生都是一秒一秒地走完的，正是那些被我们浪费掉的"零碎时间"，拼凑成了我们完整的一生。那些优秀的时间管理者，往往将时间看成碎片，再通过适当的方法将时间碎片重组起来，所以即使遇到突发状况也不会影响自己工作的进度。

孩子也可以利用自己的"零碎时间"获得更多的时间资源。

从现在开始，如果你能够每天抽出1个小时来做自己喜欢的事情，或者学习一门功课，1年就有了365个小时，10年就有了3650个小时，如此积少成多，还有什么学不好呢？

时间管理并不是死板地遵守计划，在多少时间内必须完成多少学习任务，而应该巧妙地安排自己的作息时间。无论是分时间段规划自己的学习任务，还是把握好一天中的"黄金时间段"、学会积累"零碎时间"，最终的目的都是为了让孩子成为时间的主人，更好地进行时间管理。

独立思考能力是科学研究和创造发明的一项必备才能。在历史上任何一个较重要的科学上的创造和发明，都是和创造发明者独立地、深入地看问题的方法分不开的。

——华罗庚

（六）学霸故事：有一种分心叫瞎忙

鲁林希精通中、英、德、韩四国语言，是钢琴十级的乐队键盘手，赴美留学，本科时期用三年修完了双学位，一年后又以优异的成绩获得了哈佛大学人类发展心理学的教育学硕士学位，现即将攻读博士学位。同时，她还是一位年轻妈妈，曾抱着宝宝参加哈佛大学教育学院的研究生毕业典礼。无论是才艺、学业还是家庭，鲁林希用最短的时间做到了很多人梦寐以求的事。如何才能做到事半功倍，用最少的时间做最高效的事情？如何对抗童年“贪玩”的天性，从没有时间观念的小孩转变为有自制力的学生？如何提高学习的专注力，合理统筹规划时间，并充分利用碎片化时间？看看鲁林希的成长故事，相信会对你有所启发。

克服贪玩的天性

孩子们总会被眼前的诱惑吸引，比如和小伙伴们出去玩，或者多看一集动画片。之后却懊恼地发现时间不够用了，作业做不完，考试没复习，制定的目标也无法达成。没有人天生是时间管理的天才，能对抗短期的诱惑、完成长远的目标，鲁林希也不例外。

鲁林希四岁时，家附近有一家琴行，每次经过时她都会被里面美妙的音乐声吸引，挪不动步子。后来，鲁林希妈妈带她进去参观，她绕了一圈，指了指钢琴，主动提出了想要学这个。鲁林希的妈妈回忆道：“我虽然很开心自己的孩子能够对乐器感兴趣，而且她主动提出来学钢琴，这当然是一件非常好的事。可是，大家都知道，买一架钢琴，每个礼拜都要找老师来培训，加起来可是一笔不小的开支。”鲁林希的妈妈想要确定鲁林希是否有足够的兴趣，便跟她商量好，买回来后要好好利用，不能“三天打鱼，两天晒网”。所以，当鲁林

鲁林希的毕业照

希承诺她会好好坚持的时候，父母就满足了鲁林希的愿望。钢琴的确是搬回了家，但是也就练了两个月，鲁林希就开始“罢工”了，“我记得，当时练很久都还是在练非常简单的曲子，新鲜劲过去后我就不耐烦了。特别是看到幼儿园别的小朋友放学后都在玩，而我一回家就被我妈拉去练钢琴，所以我就不想弹了。”练琴的确又苦又累，还牺牲了和小伙伴玩耍的时间，任何小孩都是无法坚持的，但鲁林希的妈妈可没有就此妥协。

“我妈妈一直都很支持我做的决定，但一旦做好决定，她就不允许我轻易放弃。那个时候，我妈就很严肃地找我谈话，告诉我，这是我自己选择的，要把这个事情坚持下来。”后来，鲁林希的爸妈就和她商量好，每天可以先玩再学，但是必须有严格的时间限制，什么时候做什么事都要心里有数，每个人都要为自己的行为负责。在这样的条件下，鲁林希坚持学习钢琴，“那时候还是会觉得很委屈，凭什么别人可以玩很久，而我就要练琴。甚至有的时候听到窗边大家嬉戏玩耍的声音，我就坐不住了，有的时候还偷偷地哭。但是，就是当时的一咬牙，让我后来真正理解了音乐，也慢慢地开始享受弹钢琴的乐趣和感觉了。”鲁林希五年级的时候就完成了钢琴十级的考试，“最早练的曲子比较简单，又是重复的机械化练习，没有感受到弹琴的乐趣；但是后来，我真的从弹奏钢琴中获得了成就感，也能沉浸在音乐中，自发地想弹好了。”妈妈再也没有逼她练过琴，甚至可能反过来，鲁林希一个人忙里偷闲地弹琴，妈妈反而催促她快去读书。

“现在回想起来，我还是很感激我妈妈，有的时候家长坚持陪伴对孩子会有质的改变。对我来说，学琴最大的意义不在于学会了一种才艺或者获得了什么成就，而是教会了我一种负责的人生态度。”制定目标总是容易的，但说到做到、实现目标就是另一回事，这时候如果家长愿意陪伴和鼓励孩子，监督孩子按照计划进行，那么孩子就能收获意想不到的快乐和进步。从罢工弹琴到享受音乐，其实中间相差的只是每天一个小时的课外时间，但通过长时间的坚持和合理的规划，便能拥有巨大的改变。

制定目标，让时间管理成为习惯

高二时，鲁林希去了加拿大，在当地参观了一些学校，然后被当时新鲜的环境、创新的课堂和自由的氛围打动，决心本科就出国读书，尝试独立生活，感受不一样的文化。回来后鲁林希向父母明确地表达了这个梦想，自己也明白了努力读书的重要性。

“相比很多早有准备的同学，我高二才开始准备托福语言考试和 SAT 考试，时间非常紧张。当时很多同学会在上课的时候偷偷看出国考试的书，或者背单词什么的，但我更希望在短时间里更高效地去完成一件事情。”谈到出国留学的时间分配，鲁林希非常乐意和大家分享自己的诀窍，“我当时就抽出了完整的一个月专门准备考试。早上六点多起床，刷题、背单词、整理错题，非常专注地准备，希望一次就把这个考过了。”对于很多人来说，多任务同时进行看上去是个很高效率的做法；但对于鲁林希来说，这样分心的结果是对两件事情都没有办法专注，顾此失彼，最后可能都做不好。“我就想一次做好一件事情。虽然看上去花一两个月准备英语考试的时间很短，但我全心全意地投入其中，没有浪费一分一秒。”

而高效率的前提就是有一个明确的目标。鲁林希说：“可能很多同学现在感觉是被逼着学习的，或者说被逼着考一个好成绩，他们没有真的意识到学习的价值和努力读书的重要性。所以我建议无论是父母引导，还是孩子自己发现，总之一定要制定目标，包括短期目标和长期目标。一个明确清晰的短期目标可以让你看到自己努力的价值，比如在一个月内考出托福；而长期目标可以让你坚定不移地走下去，这个目标对高中的我来说，就是出国留学。这样一来，学习就不是一件痛苦的事情，我也能抛弃当下一切外在干扰，充分发挥潜能，达到‘心流’的状态，全力冲向目标。”

后来，合理地安排时间也成为习惯。大学读书期间，她依旧保持着学习的劲头，“一开始出国，因为语言障碍和教学方式的改变，我感觉学习跟不上，就下了苦功夫，每天早上要求自己七点钟起床，七点半出门。那时候到食堂吃早饭，除了我之外，整个食堂永远就只有两组人，一组是学校的赛艇队，一组是美国的国防生，他们刚训练回来，我每次都能碰到他们”。最后，她用三年时间修完了别人四五年才能完成的课程，拿到了经济学和德语的双学位。

学业之外，鲁林希还是位妻子，也是个年轻母亲。在有限的时间内，她为了平衡好学业、事业和家庭的关系，充分利用了碎片化时间。“在有小孩之前，我一直觉得时间是可控的，你可以合理地规划；

> **能控制好自己情绪的人，比能拿下一座城池的将军更伟大。**
>
> ——拿破仑

然而，孩子是不可控的，比如在我想要专注地做一件事情时，孩子突然开始号啕大哭，我不可能不管不顾。后来我就利用这些碎片化时间做些零碎的事情，比如回复工作邮件；但同时也非常珍惜整块的时间，比如孩子午睡的两个小时。我会把难度最大、最有挑战性的工作放在那两个小时里做。”

从练习钢琴，到出国备考，从三年完成本科，到哈佛研究生毕业，鲁林希庆幸自己每个阶段都格外努力，将时间花在了刀刃上。她这样总结自己的时间管理经验：一、要制定明确的目标。建议家长和孩子一起做规划，越早制定目标，越不会把时间和精力分散到别的事情上。二、利用整块的时间专注于一件事，不建议一心二用，同时也不要浪费碎片化时间。“虽然当时看上去很苦，但我不会忘记挥洒汗水、坚持梦想和充实度过的日日夜夜。”

四、精力管理法（energy）——让你的身体持续发力

1. 同样的生活，为什么别人比你的精力更充沛？

2. 如何管理自己的精力，为自己充好电？

保持专注是非常消耗精力的，特别是当我们高估了自己的能力又低估了事情的复杂程度时，专注力的流失速度就会加快。所以专注

了一段时间后，如何重新积蓄专注力就显得尤为重要。在劳逸结合的基础上，通过调节自己的膳食系统、休息系统、运动系统，专注力才能发挥出最大的效用、创造出最大的价值。

（一）精力管理的本质——遵循生命的节奏

探寻精力之源

“人的精力是有限的”，这是大家都懂的道理。人们还经常将“集中精力”“精力衰竭”“精力充沛”等词挂在嘴边，但是人的精力到底是什么？它来源于哪里？又是如何被消耗的？这些问题却很少有人思考，也很少有人能够说出个所以然。

“精力”一词最早出自《汉书·匡衡传》：“衡好学，家贫，庸作以供资用，尤精力过绝人。”意思是，匡衡家境贫寒，白天为了谋生要帮别人种地耕田，没时间看书；由于家里没有蜡烛，晚上只能“偷”邻居家的烛光看书；后来，匡衡成为西汉的丞相；由此可见，他的精力十分充沛，不是一般人可以超越的。这也是“凿壁偷光”的由来。

从字面上的意思来看，“精力”是指人的精神和体力。

畅销书作家汤姆·拉思在《你充满电了吗？激活人生状态的精力管理》一书中写道：“精力是一种能量体系，如果把人体想象成电池的话，精力的状态就像电量的储备状况，精力包含意义、互动和能量三大要素。”

英国咨询顾问、培训师丹尼尔·布朗尼在《超级精力管理术》中将精力定义为：每个人做事投入度的基础，分为精疲力竭、全情投入、游刃有余等不同层次，主要影响因素为运动、饮食、睡眠等生理基础和情绪压力的状况。

著名心理学家吉姆·洛尔和精力管理学家托尼·施瓦茨将人的精力来源分为四个层面，即体能、情绪、思维和精神。

1. 体能

精力的产生与体能有着十分密切的关系，它就像汽车发动机的马力一样，是精力的基础来源。为什么体能好的人精力会更加旺盛呢?

现代医学研究发现，那些体能较好，特别是心肺功能强大的人，其身体的供血、供氧、供糖能力会更好，大脑的工作效率也更高，即使长时间处于学习或工作状态，也不容易出现疲劳感。

美国著名的西点军校尤其注重学生的体能训练，这也为学生毕业后应对繁重的工作打下了坚实的基础。如果没有良好的体能，西点军校的毕业生又如何应对每天复杂、繁重的工作呢?

良好的体能是精力充沛的基础。那么，如何才能保持良好的体能状态呢? 一是保持身体健康，二是选择合理的饮食补给，三是适当运动，四是保证睡眠质量。

2. 情绪

人的精力会受到情绪的影响，比如早晨起床，孩子收到一份期待的礼物，心情大好，一天都会精力充沛、反应灵敏；相反，孩子如果一大早就被批评，心情很不好，一天便会无精打采，做什么事情都提不起精神。现代心理学研究证明，情绪不仅会影响人的精力，还会影响人的记忆力、认知力和决策力。

无论是学生、工人，还是艺术工作者，在积极稳定的情绪状态下，往往拥有更高的效率和产出。因此，积极正面的情绪是精力输出的最好保障。

如果体能是汽车发动机的马力，那么情绪就是发动机的火花塞。

如果没有积极正面的情绪，再充足的马力也无法让汽车启动。消极负面的情绪会消耗孩子的大量精力，学习 Me^5 模型中的情绪管理法，可以让孩子处于积极正面的情绪状态中。

3. 思维

人的思维方式决定人的行为方式。结构性思维方式和系统性思维方式可以为人的精力找到有效的输出点，并且创造出有效的结果。

比如行驶在马路上的一辆汽车，无论其马力有多强，火花塞有多好，如果行驶的路线是混乱的，就无法安全行驶，更不可能到达最终的目的地。结构性思维方式和系统性思维方式能够让人的精力用对地方，如果思维散漫、混乱，则会让人的精力分散，无端被消耗。

4. 精神

精神是一个人活着的最高追求，是人生的目标和使命，也是精力的最终源泉。

哲学家尼采曾经说过：“知晓生命的意义，才能够忍受一切。”

有明确价值观的人，知道生命的意义是什么，知道自己应该朝着哪个方向前进——他们航行在大海上，能够看见明亮的灯塔；他们行驶在马路上，能够看到清晰的路标。正因为如此，他们才能在生活中迸发出巨大的能量，并产生持久、旺盛的精力。

人们在调动精力的时候，也并非只在一个维度上调动，而是体能、情绪、思维和精神相互协调。无论父母还是孩子，都应该管理好自己的精力，让精力的消耗和补给保持平衡。在专注力的五个维度中，精力管理尤其有助于持续性注意力的发展，只有精力充沛，才能长久、持续地专注于学习或工作。

三种精力管理模式

在提到精力管理的时候，可以把我们的身体想象成手机，合理的精力管理可以给手机快速充电，而不合理的精力管理则会消耗手机的电量。

当我们全身心地投入到工作或学习中时，便能够大大提高效率和专注度，而滥用、浪费精力，比如不及时恢复体力，不健康的饮食习惯，缺乏运动、睡眠等，则会快速消耗我们的精力，使人陷入疲劳状态。

一个人的精力投入程度，会极大影响其表现，而专注和高效率都建立在精力管理的基础之上。如果我们能够做好精力管理，充分利用有限的精力，并且适时补充精力，那么，无论在工作还是学习上，都可以变得更加专注、更有效率，表现也会更加卓越。

精力管理的概念源于对职业运动员表现差异的研究，该研究旨在帮助世界顶级运动员，在高压状态下保持长期稳定的良好状态，并且在比赛的紧要关头顺利获得最后的胜利。现在，精力管理的概念已广泛流行。

吉姆·洛尔和托尼·施瓦茨在《精力管理》一书中提出了三种精力管理模式。

1. 日常模式：支出与补充

在日常生活中，每个人都需要不断支出和补充自己的精力。

父母工作、做饭、做家务或者进行娱乐活动时需要支出精力，孩子学习、做作业、看电视时也需要支出精力。在支出精力后，也需要补充精力。正如手机需要电池的能量才能正常运转一样，人的精力在不断被消耗之后，也需要及时休息，让精力得到补充。日常精力补充的方式有两种：一是每天睡眠的长休息，二是活动间隙的短休息。

2. 压力模式：透支与修复

如果手机的电量低于 20%，会立刻发出“电量过低”的警示；而当手机的电量低于 1% 时，会自动进入关机状态，这时候必须充电才能让手机恢复正常使用状态。

同样的道理，人体也会出现体力透支、精力不足的情况，比如五一长假通宵玩游戏、考试前熬夜看书、一口气跑了很远的路程等。在这种“压力模式”下，身体会过度消耗日常储备的精力，从而出现精力不足的情况。如果身体不能及时得到休息，“充好电”，就很容易出现问题，最后可能就需要通过治疗或休养才能重新恢复健康与活力。

3. 极限模式：储备与衰竭

手机电池也有寿命，即电池循环充放电的次数。一般的手机电池在使用一年后，即使每次都充满了电，其待机时间也会越来越短，到最后甚至无法再充电而报废。

我们可以根据精力的构成因素，进行适度的韧化训练，正如我们可以通过锻炼来增强体质、延缓衰老一样，通过适度的韧化训练，也能够增加精力的储备。

父母应该引导和帮助孩子“充电”，让孩子拥有合理的饮食、

成功的秘诀就在于懂得怎样控制痛苦与快乐，而不为其反制。如果你能做到这点，就能掌握住自己的人生，反之，你的人生就无法掌握。

——安东尼·罗宾斯

充分的睡眠、适当的运动及轻松愉悦的心理状态，孩子才能将充沛的精力投入到高效、专注的学习中。

（二）食物秘诀：You are what you eat（你吃什么，你就是什么）

精力来源于氧气和血糖的化学反应

现代人越来越注重饮食健康，为孩子准备的饮食也越来越讲究营养搭配。那些每天按时摄入健康营养餐的孩子，身体健康，精力充沛，而那些总是在极度饥饿或过度进食中徘徊的孩子，不得不面对精力不足或分散等问题。从生理学角度来说，精力来源于氧气和血糖的化学反应。饮食与精力有着十分密切的关系，英文里有一句流行语“You are what you eat”，意思是说，你吃什么，你就是什么。

饮食是如何影响人的精力的呢？很多人下午犯困，提不起精神，通常这与中午的饮食有关。如果中午吃的是米饭、面条等高碳水化合物，就容易使人产生困意。这是因为高碳水化合物的食物容易变成糖，让血糖很快升高。如果血糖快速上升，则会使胰岛素快速分泌，引发色氨酸进入大脑。色氨酸是合成褪黑激素的重要原料，褪黑素越多，人就会越困。另外，吃得太饱还会让大量的血液进入消化道，大脑便会因为供血不足而感到疲惫。正是这些饮食方面的原因，让人产生了困意，影响了人的精力。为了避免这种情况的发生，要注重一天的饮食，尽量保持血糖的稳定。

那么，在饮食方面我们应该如何调整，从而让孩子获得充沛的精力呢？首先，应该遵行少食多餐的原则，最好能够变三餐为“五餐”。这里说的“五餐”并不是五顿饭的意思，而是三餐尽量少吃，然后在三餐的间隙补充一些坚果、水果、蔬菜沙拉等。这样能够有效减少血糖的波动。一餐吃得太饱，或者两餐之间的间隔太长，会让血糖大起大落，影响大脑的正常状态，精力自然也会受到影响。所以，为了让血糖保持稳定，我们要尽量让孩子少食多餐。

其次，应该多吃一些低糖、综合营养质量指数高的食物。营养质量指数，又叫营养素密度，是指食物里某种营养素的含量，英文叫 Nutritional quality index，简称 NQI。无论是蛋白质、维生素，还是矿物质、纤维素，它们的含量越高，NQI 值就越高，热量则越低；相反，NQI 值越低的食物，热量则越高。通常情况下，NQI 值等于 1，说明它的营养素和热量占比相同，这种食物还算不错；NQI 值小于 1，说明它的营养素含量较少，热量较多，这种食物不建议吃；NQI 值大于 1，说明它的营养素含量较多，热量较少，适合给孩子吃。由于 NQI 值只针对食物中的某一种营养素，因此并不全面，毕竟每种食物中都含有多种营养素。为了解决这个问题，美国耶鲁大学的研究者开发了 ONQI 体系 (Overall nutritional quality index)，也就是"综合营养质量指数"。它计算了食物中各种 NQI 值的综合得分，能够让我们直截了当地看到哪些食物富含营养、热量较低，对身体更有益。ONQI 指数较高的食物包括新鲜的蔬菜、水果、豆类、坚果等，其中深绿色的蔬菜的 ONQI 指数最高，比如菠菜、西兰花等；白米、白面、甜食热量较高，营养含量较低，ONQI 指数也相对较低；加工过的食物，特别是饼干、薯片等，ONQI 指数最低，要尽量少吃。

最后，应该让孩子多喝水，保证身体的水分供给。因为人的身体由 70% 水分组成，大脑中的水分更是高达 80%。很多人感到疲劳时，并不是真正的疲劳，而是因为身体缺水给人带来的疲劳感。口渴不会像饥饿一样发出明显的信号，当我们口渴的时候，其实身体已经缺水很久了。为什么有的人夏天出去走了走，出的汗比较多，就会出现疲劳甚至头晕的现象呢？就是因为身体缺水了。为了保证身体的水分供给，我们应该及时让孩子补充水分。早上刚起床的时候，身体是缺水的，这时候可以让孩子喝一杯水；上午 10 点左右，身体的水分渐渐流失，可以再补充一次；在午睡之后、下午 3 点左右、晚上睡觉前再分别补充一次，这样就基本上可以满足孩子身体的水分需求了。此外，还有一些孩子非常喜欢喝饮料，甚至把饮料当成水大量饮用。长期喝含有大量添加剂与糖分的饮料，可能会引发骨质疏松、肥胖等健康问题，家长必须予以重视，控制孩子喝饮料的频率和数量，并给孩子讲明白过量饮用饮料的危害。如果孩子不爱喝寡淡无味的白开水，家长可以在水里放一片柠檬，或者挤一点新鲜果汁进去，但要适量。

均衡饮食，各色食材完美搭配“彩虹餐”

众所周知，单一的饮食结构无法满足孩子的营养需求，进而会影响孩子的身体健康，精力自然也不会好。所以最合理的饮食应该由多种食物搭配组合而成。“彩虹餐”是国际上流行的一种根据食材颜色进行搭配的饮食法则，其核心是倡导均衡饮食，保持饮食的多样化。

在日常生活中，常见的食材的颜色有绿、红、黄、橙、紫、黑、白等。这些颜色不仅让食材看起来如彩虹般绚丽多彩，而且每一种食材的颜色都有对应的营养素。比如西红柿呈现艳丽的红色，是因其富含番茄红素；胡萝卜呈现诱人的橙色，是因其富含胡萝卜素；而蓝莓呈现出深蓝黑紫的颜色，是因其富含花青素的缘故。

从营养学的角度来看，父母首先应该给孩子选择绿色的食材，然后是黄、红、紫色的食材，最后是白色的食材。这些不同颜色的食材主要代表有哪些？它们又有哪些营养价值呢？

1. 绿色食材

绿色食材的主要代表有：青菜、西兰花、菠菜、黄瓜、生菜、甜豆、扁豆、芹菜、绿豆、猕猴桃、牛油果等。这些绿色食材富含叶绿素、叶黄素、姜黄素、叶酸、类黄酮、多酚类、维生素 C、钙、镁等，具有抗氧化、抑制肿瘤、增强免疫力、保护视力、强健骨骼和牙齿的作用。

2. 黄色和橙色食材

黄色和橙色食材的主要代表有：胡萝卜、南瓜、红薯、玉米、彩椒（橙色）、黄豆、木瓜、菠萝、芒果、杏等。这类食材中富含胡萝卜素、玉米黄质、姜黄素、花青素、皂角苷、木质素、异黄酮、叶酸、维生素 C 等，有助于眼睛和皮肤的健康。

3. 红色食材

红色食材的主要代表有：番茄、辣椒、甜菜头、西瓜、葡萄柚、樱桃、红苹果、草莓、红石榴等，还包括一部分动物性食材，如红虾、三文鱼、瘦肉等。红色食材中富含番茄红素、花青素、虾青素、血红素铁、酚酸、维生素 A、维生素 C 等，能促进心脏健康，提高记忆力。

4. 紫色和黑色食材

紫色和黑色食材的主要代表有：紫菜、紫薯、紫甘蓝、黑豆、黑米、黑芝麻、葡萄、黑豆、海带等。这类食物富含花青素、儿茶素、类黄酮、维生素 A、维生素 C、维生素 E、叶酸、硒等，能够有效缓解孩子的视觉疲劳，预防视网膜病变。

5. 白色食材

白色食材的主要代表有：菜花、蘑菇、土豆、白萝卜、芋艿、荸荠、笋、香蕉、梨等。这类食材中富含有机硫化物、蒜素、姜黄素、

> **决定一个人心情的，不在于环境，而在于心境。**
>
> ——柏拉图

萜类、皂角苷、类黄酮、木质素、多糖等。虽然白色蔬果的维生素、矿物质含量不如深色蔬果，但是白色蔬菜中含有大量的有机硫化物，能够清除自由基，同时活化解毒酶，预防癌症。

由此可见，无论哪一种颜色的食材，都有丰富的营养价值。父母可以选择不同颜色的食材搭配组合，给孩子制作美观又营养的“彩虹餐”。孩子拥有营养均衡的饮食，才能满足身体所需，让身体处于最佳的状态，精力自然也就有了保障。

（三）睡眠保障：夜晚是留给精力的再生时间

睡眠是身体的主动修复

在人的一生中，至少有 1/3 的时间都在睡觉——刚出生不久的婴儿几乎每天要睡 20 个小时以上，成年人每天至少也要睡 7—9 小时。可以说，睡觉是人类必不可少的行为。

保证充足的睡眠和良好的睡眠质量，也是保持精力充沛的基础。

从生理学的角度来看，人在睡眠的时候，身体正在经历一个主动修复的过程。

1. 睡眠能够消除疲劳感，恢复人的体力

在睡眠期间，人的体温、心率、血压会下降，呼吸及部分内分泌减少，基础代谢率降低，而胃肠道及其他有关脏器合成并制造人体能量物质的过程得到加强，从而使人的体力得到恢复，疲劳感得以消除。

2. 睡眠能够养护大脑，恢复精力

在睡眠状态下，大脑的耗氧量会大大减少，有利于脑细胞贮存能量，恢复精力，所以睡眠充足的人往往精力充沛、思维敏捷、学习和工作的效率较高，而睡眠不足的人往往会有精神萎靡、注意力涣散、记忆力减退等问题。

3. 睡眠能够增强免疫力，康复机体

在正常情况下，人体会对侵入的各种抗原物质产生抗体，并且通过免疫系统将其清除，以保证人体的健康。睡眠不仅能够增强人体免疫力，还能够加快各组织器官的自我康复。

4. 睡眠还能够促进孩子的生长发育

婴幼儿出生后往往需要很长时间的睡眠，这是因为大脑的发育离不开睡眠，在睡眠期间血浆生长激素能够连续数小时维持在较高水平，因此保证孩子拥有充足的睡眠，有利于孩子的生长发育。

基于以上原因，我们更应该重视睡眠，让白天消耗的精力，能够在夜晚补充回来。那么，成年人和孩子每天需要多长的睡眠时间，才能保证精力充沛呢？

美国国家睡眠基金会推荐的成年人每天的睡眠时间是 7—9 小时。中国睡眠基金会研究出的睡眠时长标准表显示：6—13 岁的儿童睡眠时间应该保持在 9—11 个小时左右，不推荐的睡眠时间为少于 7 个小时或者超过 12 小时；14—17 岁的青少年睡眠时间应该保持在 8—10 小时左右，不推荐的睡眠时间为少于 7 小时或者超过 12 小时。

在医学上，睡眠有五个不同的阶段：入睡期、浅睡期、熟睡期、深睡期和快速动眼期。入睡期是昏昏欲睡的时期，睡眠良好的人，入睡期通常只占整个睡眠时间的5%左右。浅睡期是刚进入睡眠的时候，大约占整个睡眠时间的50%。熟睡期主要起到一个过渡的作用，约占睡眠时间的7%。深睡期是恢复精力的主要阶段，约占睡眠时间的15%，进入深睡期后不容易被叫醒。快速动眼期又叫异相睡眠期，约占睡眠时间的20%左右，这一阶段在巩固大脑的学习力和记忆力方面有着十分重要的作用。以上五个阶段构成了一个完整的睡眠周期，每个睡眠周期大概会持续90—120分钟，正常人一晚上会经历4—5个睡眠周期，共计6—9个小时。

然而，现代人生活节奏飞快，生活压力巨大，成年人时常加班到深夜，孩子也被繁重的学业压得喘不过气，很多人都没有充足的睡眠时间。这些高压下的人群，在工作与学习中需要投入更多的精力，然而却没有足够的睡眠时间，其后果可想而知——他们被失眠、多梦等睡眠问题困扰，精力得不到有效恢复，因此，工作与学习没有效率；如果睡眠问题一直得不到解决，还会影响到身体健康。

《百年孤独》的作者马尔克斯曾经说过："失眠是一种时疫病，即时代的瘟疫。"如果不断地消耗精力，而不知道停下来补充精力，最终会将人体存储的精力消耗殆尽。无论父母的工作有多忙，孩子的学业有多繁重，也要保证充足的睡眠时间。只有在睡眠中恢复了精力，才能更加高效率地投入到工作与学习中去。

提高夜晚睡眠质量的方法

除了保证充足的睡眠时间，还有另一个很重要的问题，那就是如何保证良好的睡眠质量？很多人可能都会陷入这样一个睡眠误区，以为睡眠时间越长，能够恢复的精力就越多，其实不然。事实上，除了保证充足的睡眠时间，良好的睡眠质量才是保持精力充沛的关键。

那些高效的孩子，不见得延长了自己的睡眠时间，实际上，睡眠时间过长，反而会引起不良反应。他们只是在拥有充足睡眠时间的基础上，保证了良好的睡眠质量。

那么，我们应该如何提高夜晚睡眠的质量呢？

英国睡眠协会前任会长尼克·利特尔黑尔斯曾经说过：“睡得多并不等于睡得好，高质量的睡眠才是让生活效率更高、让精神状态更好的关键。”他在《睡眠革命》中所提出的“R90 周期睡眠法”，被视为目前世界上最高效的提高睡眠质量的方法。“R90 周期睡眠法”就是通过配合人的睡眠周期和昼夜节律，来得到最高效的睡眠质量。“R90 周期睡眠法”的重点在于“周期”，也就是深度睡眠和浅度睡眠的交替，以 90 分钟为单位，一次充足的睡眠通常为 5 个周期，一共 7.5 个小时。“R90 周期睡眠法”便是以 7.5 个小时为基础，制定了五大睡眠原则。

1. 固定起床时间

父母可以和孩子商量，在保证不迟到的前提下决定起床的时间。比如，说好了早上 7 点起床，就不能给孩子赖床的机会，节假日可适当放松。

2. 倒推入睡时间

父母可以根据 5 个周期即 7.5 小时倒推入睡的时间。

3. 睡前和睡后

孩子入睡前 1 小时之内（至少半小时之内），应当尽量避免接触手机、电脑等。起床后 1 小时之内（至少半小时之内），建议孩子进行适当的身体锻炼。这样能让人体的生物钟更好地意识到白天已经到了，以更快进入精力充沛的状态。

4. 补充休息

除了晚上的正常睡眠外，孩子还可以在中午和傍晚进行补充休息，最好的时间点在中午 13:00 左右和傍晚 19:00 左右。在这两个时间点休息时需要注意，最好不要超过 30 分钟，也就是要让自己在浅度睡眠中醒来。如果超过 30 分钟，就会进入深度睡眠状态中，这时除非睡够一个睡眠周期，否则就很容易出现头昏脑涨的现象。

5. 计算周期

"R90 周期睡眠法"评估睡眠质量的方法打破了"每天 8 小时睡眠"的传统观念，它按每周睡了多少个周期来评估睡眠的质量。只要能在一周内保证自己睡够了多少周期，偶尔一天睡眠不足——只睡了 3 个周期，也不会明显地影响睡眠质量。

如果"R90 周期睡眠法"无法立竿见影地提高孩子的睡眠质量，父母还可以引导孩子运用《精力管理》一书中提到的"认知行为疗法"来改善和提高自己的睡眠质量。

1. 清醒时离开睡眠区域

当孩子处于清醒状态时，离开睡眠区域可以建立上床和睡觉之间的条件反射。父母可以引导和监督孩子，平时除了睡觉，其他活动最好不要在床上进行，比如看电视、玩手机等。同时，还应该让孩子设定好闹钟，到了起床时间要立刻起床。

2. 多进行户外活动

白天的时候，孩子应该多进行户外活动，特别是在阳光下活动。这样能够帮助孩子在夜晚合成一种褪黑激素，促进睡眠。

3. 做好睡前准备

睡前准备包括洗澡、泡脚，让身体彻底放松；营造黑暗的睡眠环境；听一些舒缓的轻音乐；看几页能让大脑迅速进入疲劳状态的书；

内心的平静始于不再让他人他事来掌控你的感情。

——佩玛·丘卓

等等。这些行为都能够让孩子更快、更好地进入睡眠。

当孩子拥有良好的睡眠质量后，才能保证自己精力充沛，以最好的状态迎接新一天的学习和挑战。对于睡眠质量不好的孩子，父母可以积极引导和探索，帮助孩子找到适合自己的最佳睡眠方案，从而有效提高孩子的睡眠质量。

（四）体能训练：要专注地学习，也要专注地运动

利用碎片时间，做点“小运动”

有一句话叫“生命在于运动”。运动不仅能够增强孩子的体质，还能改善孩子的精神状态，让孩子精力充沛。所以，孩子不仅仅要专注学习，也要专注运动。

在运动过程中，人体的耗氧量和能量的消耗都会大大增加，血液循环加速，身体会分泌大量的天然激素，比如肾上腺素、生长激素、内啡肽等。这时大脑会处于兴奋状态，获得足够的氧气和能量，从而更加高效地运转，精力自然得到提升。运动还能增强孩子的心肺功能。一般心肺功能不好的孩子，稍微运动一下（爬山或爬楼梯）便气喘吁吁、力不从心，这是因为他们的肺部摄氧能力和心脏泵血能力较差。运动能够增强孩子的心肺功能，让孩子的肺部摄氧能力和心脏泵血能力更强，即使进行强度较大的活动，也不容易出现呼吸急促和心跳加速的现象。

孩子在运动时，还会使身体产生疲劳感，大脑对于身体疲劳的反应是，深度睡眠时间增加。如果孩子一天的运动量十分充足，那么晚上就能睡得更快、睡得更香，而且第二天起床后会更加精力充沛。这便是运动后深度睡眠延长带来的效果。从精神层面来说，喜欢运动的孩子，往往乐观开朗、积极阳光，能够以更好的精神状态面对学习和生活。

虽然运动的好处不胜枚举，但是真正注重运动，并且制订运动计划的孩子却很少。父母也大多希望孩子将时间和精力都放在学习上，从而忽略了运动。在现实生活中，有多少孩子宁愿躺着看电视、看漫画书、玩手机，也不愿意起身活动一下僵硬的四肢。有多少父母宁愿让孩子整天埋头学习、写作业，也不愿让孩子走到户外，甚至在家做一些简单的运动。其实，运动才是帮助孩子走出疲乏、保持精力充沛的最佳方法。

父母可以和孩子商量、讨论，给孩子制订长期的运动计划——在正常情况下，每周进行3—5次运动，每次运动坚持40—60分钟即可。同时，父母应该让孩子明白体育运动的重要性，最好能够以身作则，和孩子一起运动，比如，下班回家和孩子做一做运动操，周末和孩子一起去公园跑步，带孩子参加一些球类比赛，等等。在孩子完成某项运动时，父母要及时给予鼓励，增加孩子的积极性。当孩子养成运动的习惯之后，就会渐渐爱上运动，并且自觉运动。

除了长期的运动计划和每周的体育课之外，孩子还应该利用碎片时间，搞点“小动作”，比如在课间十分钟做一做课间操，去教室外走一圈，和同学一起跳皮筋、踢毽子等；或者在放学后去户外散步，听音乐小跑，去健身房锻炼等。所有碎片化的时间都可以用来做一些小运动。这样日积月累，长期坚持，自然能够起到增强体质和精力的作用。

运动虽好，但也有一些禁忌，特别是处于成长发育期的孩子，一定不要盲目地进行运动，要尽量避免难度较高、危险系数较大的运动。在进行课间运动时，不要太过剧烈，不要和同学追逐打闹，避免撞伤或摔伤，要适度运动，文明运动。选择运动项目时，应该遵从孩子的个人喜爱，千万不要强迫想踢足球的孩子去游泳，这样只会适得其反。因为只有孩子发自内心的喜爱，更加轻松愉悦地运动，才能取得更好的运动成果。其实，最适合孩子的运动，还是学校每天的课间操，它的每一个动作都是有针对性的，能够让孩子的骨骼、肌肉和神经系统得到协调锻炼。孩子能够在运动中感受到生命的律动，在增强体质的同时，也获得充沛的精力。

适合脑力活动者的身体训练

在人们以前的认知里，体力活动者似乎比脑力活动者更加耗费精力。因为在进行体力活动时，人的大脑、心肺、肌肉和运动神经系统都会参与其中，这必然会耗费巨大的能量和精力，而脑力活动者好像只需要动动大脑，而不需要太多精力，就能够把事情搞定了。

这当然是一种认知误区，脑力活动者看起来很轻松，但大脑转动时需要调动上百万神经元来传递信息，大脑长时间运转后出现的精神紧张、思虑过度等脑疲劳比身体上的疲劳更加可怕，而且恢复起来更难。所以，脑力活动者有时比体力活动者更加耗费精力。

脑力活动者的最主要群体之一便是学生，他们平时静坐在教室里，低头看书，伏在课桌上写作业，长期处于前屈的姿势。由于颈部长时间向前弯曲，导致流向脑部的血液受到影响，容易使大脑出现供血不足的情况。众所周知，大脑所消耗的氧气量十分之大，特别是脑力活动者，在用脑的时候，大脑消耗的氧气约占全身的1/4，甚至更多。如果大脑的供血量不足，氧气就供应不上，时间久了，就会出现头晕、头胀，甚至脑疲劳等症状。而且，长时间低头弯腰学习，胸部无法得到充分的扩展，容易让胸腔变得狭窄，从而导致肺活量减少；同时心脏也得不到有效锻炼，稍微运动一下便气喘吁吁、心跳加速。如果孩子的心肺功能不好，精力自然也就得不到保障，学习效率便无法提高。

基于以上原因，脑力工作者更需要进行身体训练，尤其是学生群体，不能长时间坐在教室里埋头学习，而应当进行适当的运动，增强体能，保证大脑供血量充足，也让心肺功能变得更好。在体能训练方面，国外一些中小学就做得十分出色。在英国，私立学校的学生每周平均运动时间为5—6小时，运动项目多达40种，而且还会参加各种运动比赛和体育俱乐部。住校的学生早上6点就会起床去跑马拉松或打橄榄球；许多走读生也会在早上7点半到学校参加足球、篮球等训练。在芬兰，学生上学通常以步行、骑自行车、滑雪等方式，在上学路上便开始了运动。每节课结束之后，还有一个“强制性”的15分钟室外自由运动时间，哪怕是年龄较小的学生也需要去室外运动。要知道，芬兰有1/3的领土在北极圈内，室外气温可想而知。在日本，小学生的体育运动也受到足够的重视，最典型的便是“冬季耐寒训练”。每年冬季，日本小学生都要利用课余时间去操场上跑步训练耐力。跑步时，学生会换上白短袖和藏蓝短裤的“体操服”，穿得和夏天一样，有些不喜欢穿袜子的学生，甚至光着脚。

当然，国内中小学校如今对于孩子的体育训练也越来越重视。父母应该鼓励孩子多运动，并且以身作则，与孩子一起运动，以弥补孩子在校时的运动不足。

运动还能培养孩子的耐力，增强孩子的意志力，塑造孩子的人格。

正如中国著名体操运动员李宁在接受杨澜访谈时说的那样："于有意无意当中，体操对我的影响很大，包括怎样面对困难、怎样去找战胜困难的方法、怎样去树立一个目标、怎样坚定自己的意志去实现这个目标。"

既然运动对于中小学生的成长如此重要，那么有哪些适合学生群体的身体训练方法呢？

1. 跑步

学生可以利用休息时间，先慢跑 5—10 分钟，等身体发热后再加快速度，每次坚持 20 分钟左右，每周跑 3—5 次。

2. 原地高抬腿

这个训练适合在课间休息时进行，学生只需站在原地进行高抬腿运动，每次持续 1—2 分钟，然后休息 1 分钟，再继续做，直到身体产生疲劳感。

3. 引体向上

先尽力做一次引体向上运动，然后看看自己能够坚持做多少次，之后便将自己的极限次数分三组做，每做一组休息 1 分钟，注意在训练过程中，极限次数是不断增长的，同时要注意不断增加运动量。

4. 原地跳跃

这个训练应该在教室外或操场等较为宽敞的地方进行，在原地

> 如果意志要想具有法的权能，它就必须在理性发号施令时受理性的节制。
>
> ——阿奎纳

进行屈腿的垂直跳跃，每次进行 2—3 分钟，休息 1 分钟后再进行 2—3 分钟的跳跃。

当然，适合学生的身体训练方法还有很多，父母可以帮助和引导孩子找到适合自己的训练方法。作为脑力活动者，孩子应该有意识地在长时间的脑力活动中穿插一些体力活动，这样能让大脑得到暂时的放松和休息，为接下来的学习贮存好精力。

（五）冥想之旅：无形的能量往往最有力量

静心、冥想、入定：清空大脑里的杂物

如果能够在精神上得到放松，让身心处于愉悦的状态，那么人的精力就有所保障。

如何才能获得精神上的平静，让身心处于放松、愉悦的状态中呢？

最简单的方法就是冥想。冥想就是通过让身心进入舒适的状态，让人的感官感受暂时的放空，让人的意识——大脑新皮质层的活动暂时休息一下，让人的潜意识（大脑旧皮质层的活动）和无意识的动物本能（不受意识的控制自律神经的活动）冒出来。冥想能够帮助我们获得内心的平静，让身心得到放松，让压力得到缓解，让精力得到恢复。通过冥想训练，能够有效清空大脑里的杂物，让人专注于一念，不被外物内扰影响。

关于冥想，父母和孩子应该了解和掌控哪些重点呢？

1. 冥想的场地选择

传统的冥想需要寻找一个宁静自然的场所，比如庭院、寺庙、深山、森林、溪水旁等地。在这些地方进行冥想，能够帮助人们更加接近大自然和原始的气息。

在现实生活中，让孩子去这些地方冥想，显然不太实际。因此孩子可以在自己活动范围内的任何地方进行冥想，比如下课时，可以在自己的座位上进行冥想；回到家中，可以在客厅的沙发上、自己的卧室里进行冥想；周末放假时，可以去公园，躺在草地上或者坐在大树下进行冥想……

2. 冥想应该用什么姿势

冥想的姿势有很多种，传统的姿势是双腿盘坐，双臂自然放在膝盖处，眼睛微闭，后背挺直。孩子在进行冥想时可以不必拘泥于传统的姿态，只要能找到一种让自己坐得舒服的姿势即可，也不一定非要盘腿而坐，坐在椅子上可以，坐在沙发上也可以，只要舒服就好。记住，在任何时间、任何地方，都可以进行冥想。

3. 冥想时应该睁眼还是闭眼

进行冥想时，眼睛最好可以半闭或者全闭，只有少量视觉冥想需要将眼睛睁开。对于孩子来说，冥想时最好能够闭眼，因为闭眼容易产生放松的感觉，也可以让眼睛得到休息。当你感到困倦，想要入睡时，则可以把眼睛睁开一些。

印度瑜伽大师阿迪斯瓦阿南达在《冥想的力量》一书中写道："眼睛要保持半睁开，把它们的注意力固定在眉心，或者在两眉之间。"所以，冥想时最好把眼睛半睁开。

4. 冥想的内容是什么

在刚开始冥想的时候，孩子的脑海中难免会想东想西，甚至会想到不好的事情，从而产生紧张或失落感，或者会想到好的事情，于是感到开心、愉悦……这些都是正常现象，这时候只需要任思绪飘散，不要刻意对抗和压抑即可。然后尽量想一些脱离现实、天马行空的美好的事情，比如无边无际的草原、蔚蓝的天空等。

当然，冥想的最佳状态是什么都不想。冥，就是泯灭的意思；想，就是人的思想。冥想就是清空人的所有思想，让人感受到一种空无一物的放松感。

5. 每次冥想应该持续多长时间

很多冥想专家认为，每次冥想的时间应该控制在 20 分钟左右，每天至少进行两次冥想，而索甲仁波切却在《西藏生死书》中写道："问题的关键不是你冥想了多长时间，而是通过冥想，有没有把你带入到一种自我存在的状态，在那里你放下自己，和自己的内心交流。"索甲仁波切认为，刚开始的时候，可以尝试 4—5 分钟冥想一次，休息 1 分钟之后再进行冥想。或许，当我们休息的时候，冥想才刚刚开始。

冥想原本指的是禅修，是瑜伽实现"入定"的一种途径。冥想的最终目的是让人制服心灵，摆脱思想杂念，真正进入"入定"的状态。所谓"入定"，就是冥想的对象与冥想者完全融合、自我意识消失、智性维持在平衡的状态。

当然，"入定"是禅修者冥想时的最高境界，对于年幼的孩子来说，冥想就简单多了。只要孩子正在做放松大脑的事情，都可以称之为冥想。比如音乐冥想，如果孩子听音乐可以让自己的身体放松，让大脑得到休息，这就算是冥想；比如运动冥想，如果孩子能够通过运动清空大脑的杂念，那也算是一种冥想。

孩子进行冥想的主要目的就是，清空大脑的杂念，让内心获得平静，让思维放空，在毫无杂念的状态下快速恢复精力。而且，冥想还能帮助孩子缓解压力、抑郁和焦虑，让孩子拥有平和、愉悦和积极向上的心态。

独处是一种心灵修行

如果一个人的大脑中充满了杂念和思虑，越是纠结其中，就越是耗费精力。尤其当大脑处于疲劳状态时，如果无法及时清空大脑中的杂念和思虑，人们很容易便会感到精力疲乏。这时候，冥想就成了荡涤心灵、清空大脑的最好方式。冥想能够洗净世间铅华，排除重重欲望，直抵内心深处，帮助人们摆脱种种自我干扰，有时间和空间与自己独处。

耶鲁大学医学院精神医学系博士久贺谷亮将大脑中过多的杂念和思虑比喻成"monkey mind"，即"猴子思维"。人们的脑海中总是塞满各种想法，就像一群吵吵闹闹的猴子，它们会消耗大量的精力，导致大脑疲劳，而人们需要做的就是通过冥想来摆脱这些"猴子"。久贺谷亮博士提出了一种很好的摆脱"猴子思维"的冥想方式：我们可以想象自己站在车站的月台上，这时电车进站了，车上坐着无数只名为"杂念和思虑"的猴子乘客，电车停留片刻便开走了，而我们始终站在那里一动不动，除了自己什么也没有；过了一会儿，载着猴子乘客的电车又进站了，我们仍旧一动不动，直到电车再次离开……就这样，电车一辆辆开走，猴子乘客也一批批地离开，而我们始终站在月台上，保持一动不动的状态。

通过这样的冥想，我们能更好地清空大脑中的杂念与思虑，排除种种"猴子思维"，找到真正的自我，并且享受自我独处的世界。在这个自我独处的世界里，我们就像旁观者一样一动不动地站在月台上，任由吵吵闹闹的"猴子乘客"进入车站，随之又离去。

东尼·罗宾斯曾说："我们穷尽一生要做好两件事情：一是处理好自己与世界的关系；二是处理好自己与自己的关系。"如果我们总是被大脑中的杂念和思虑影响，又如何保证有充足的精力投入到工作与学习中呢？又如何找到内在的自我，与自我独处呢？

冥想使人在很大程度上摆脱了"猴子思维"的干扰，从而进入一种清明的自我存在的状态，并且有机会与自己独处。这也是很多高层次的人所追求的境界。从某种意义上来说，外界太喧闹了，人的大脑也充满了杂念，学会自我独处，则是回归生活的本质。蒋勋曾经说过：“独处就是一种沉淀，静坐或冥想有助于找回清明的心。因为不管在身体里面还是身体外面，杂质一定存在，我们没办法让杂质消失，但可以让它沉淀。杂质沉淀之后，就会浮现一种清明的状态，此刻你会觉得头脑变得非常清晰、非常冷静。”

在冥想的过程中，我们能够更好地倾听内心的声音，找到最真实的自我，而不是被吵吵闹闹的“猴子思维”影响，将有限的精力浪费在无关紧要的琐碎事情上。庄子的独处境界是“独与天地精神往来”，我们不需要也无法达到这样的境界，我们只需要在冥想中清空大脑的杂念与思虑，尽量学会与自己独处。当我们摆脱了头脑中的“猴子思维”、找到真正的自我时，会发现自己早已变成了站在月台上的“旁观者”，一切杂念和思虑都和自己无关，一种清明、愉悦的感觉油然而生。

回到现实生活中，工作繁忙的父母可以通过冥想来放松自己，排除工作中的烦恼琐事。孩子也可以在长时间的学习之后，来一段静心冥想，让自己从浮躁的状态中平静下来，以清空大脑中的杂念。

> 人不仅是理性的、社会的动物，他还是生产的动物，他能够运用理性和想象力，去改变眼前的物质。他不仅能够生产，而且必须生产以维持生命。
>
> ——弗洛姆

冥想时，还可以放一段轻松舒缓的轻音乐，做一次深呼吸，然后跟随音乐的节奏清空杂念，享受自我独处的世界！

（六）学霸故事：在忙与闲之间养精蓄锐

张胜男是一个平易近人的北京姑娘，她年轻、充满活力，是一名经验丰富的青年领导力和跨文化交流的国际培训师，她在 2016 年本科毕业时入围了有“全球本科生诺贝尔奖”之称的罗德奖学金评选，2018 年从哈佛大学教育学院毕业，获得教育学硕士学位。她似乎有用不完的精力，大学时投身于培养中学生领导力的公益项目，又抓住各种机会到 24 个国家实习或做志愿者。除了教育工作，张胜男还是一名三语翻译，在许多国际会议上承担了翻译工作，如 APEC（亚太经合组织）峰会、美国政府官员的国家访问等。

张胜男一次次踏上精彩纷呈的冒险征程，在高强度的学习、工作中保持精力充沛。在张胜男看来，“学霸不是学习时间投入最多的人，或者班上成绩最好的，而是最会使巧劲儿的人，用自己有限的精力发挥出最高的效率，既能学好也能玩好，这才是真正的学霸”。让我们一起看看，在这样让人钦佩的履历背后，张胜男是如何进行高效的精力管理的。

“You are what you eat”

张胜男从小就不是让父母操心的孩子。她妈妈回想自己女儿小时候，很自豪地说道：“小学一年级的时候胜男就展现出了非常独立自觉的一面。她坚持自己梳头，洗澡时够不到开关就搬着小板凳去够。有一次，回家要完成听写作业，那时候我在做饭，便边翻着书边看着锅里，胜男怕我把书弄脏，干脆就不让我听写了。”自那之后，张胜男就用家里的录音机录制了每篇课文后面的新单词，然后一遍遍放给

哈佛大学毕业的张胜男

自己听写。

张胜男自己也说："我爸妈是放权型的家长。从小学开始，中午午休要回家吃饭，但我爸妈没办法接我，他们会提早准备好饭菜，我就自己带着钥匙回家热一下饭，吃完午饭之后会自觉地睡一会儿，定好闹钟，再去上学。"从很小的时候开始，张胜男的爸妈就一步步培养她独立生活的能力，"我觉得他们给我最大的影响就是给我足够的信任，相信我能自己管好自己，而我也没有辜负他们的期望，管理好了自己的时间和精力"。

谈到女儿在国外的几年，张胜男的妈妈说："我就怕胜男吃不到家里的饭菜，然后总感觉国外的孩子们吃披萨、汉堡之类油炸的东西不健康。" 张胜男保持着从小以来的独立自觉，这次也依旧没有让爸妈担心，"我在哈佛读书的时候，周围有些同学是素食主义者，食堂的菜有时也会标注好原料"。通过与朋友的交流及自己的研究，出于自身的健康与环保考虑，张胜男决定逐渐调整自己的饮食结构，"人的身体其实需要各种膳食平衡，我会吃很多蔬菜等高纤维食物。因为人体也需要蛋白质，刚好哈佛在波士顿，海鲜很多，我会吃很多鱼和虾，不怎么吃红肉和白肉了。我感觉自己的身体因为饮食结构的变化也有了一些变化，比如饿的时候情绪会比较低落，太饱的时候注意力很难集中，因此我会少食多餐，这样精力充沛的时间就可以保持得更长了"。

遵循你身体的规律，事半功倍

在哈佛读书期间，张胜男不仅完成了所有的课业，她还是哈佛创新实验室的成员，参与执笔并出版了《培养学生改变世界的 60 堂课》。同时，她也兼顾实习，有时甚至要跨越 12 个小时的时差与中国的同事、学生沟通。哈佛大学有个广为流传的 3S 定律：一个学生在学业（study）、社会活动（social life）和睡眠（sleep）之间最多只能选两样。张胜男不是有着用不完的精力的超人，那她是天天熬夜的"夜猫子"吗？她到底是如何兼顾上课、实习、学术会议、写书、做研究等不同的工作的呢？谈到精力管理的诀窍，张胜男说："我不会因为工作、学习而牺牲自己的睡眠时间。每个人的生活中最均等的资源就是时间，我会根据自己不同时间的精力程度，在合适的时间安排合适的事情。"

张胜男在哈佛大学近 4.0 的满绩绩点绝对不是靠一天喝 4 杯咖啡、晚上只睡 4 小时这样的方法实现的，"无论怎么忙，我一定会确保 12 点之前上床睡觉。"说到不熬夜的原因，张胜男分享起养生知识也头头是道："首先，我很清楚我自己晚上效率不高，即使有很多工作，我也会选择早睡早起，第二天在专注力高的时候再去完成，毕竟休息好了才能更高效地工作。其次，我们的身体每天都需要排毒，通常睡眠时期排毒效果最好，肝脏的毒素代谢大多是在夜里的 11 点到 1 点之间，所以我一般会在这个时间入睡。”

早上对于张胜男来说，是为身体充电的时间。她第一节课的时间是10点，但她绝对不会把早上大好的时光浪费了，“我一般7点起床，到10点上课之间有3个小时的空余时间是属于自己的。我早上起床之后不会马上去看手机，这样很容易让大脑陷入信息过量的旋涡。我会坐起来，先冥想3分钟左右，让自己清醒，然后再开始一天的生活”。张胜男非常享受冥想的过程，她说之前因为参加一个青年领导力的夏令营，机缘巧合地尝试了冥想，“我们在一个跟外界都断绝来往的深山里，整个大脑都放空，感觉那次体验是身体的大换血。当时我们主要做的是探索内心，探究自己究竟想要什么，探索我跟这个世界的关系是什么样的。当真正隔绝了外界的干扰，远离这些纷纷扰扰的东西时，你才最能够跟自己的内心进行对话”。张胜男当时冲着探索内心的目的尝试了冥想，但没想到这个工具成了她以后日常生活的一个部分，她补充道：“平时在比较焦虑、压力较大的时候，我会先停下来，闭上眼睛深呼吸，花个三五分钟进行一个短暂的冥想，之后就会放松很多，也能更好地投入到工作中。”

除了冥想之外，张胜男也会用别的途径来养精蓄锐。“我有时候会利用早上的时间晨跑，沿着查尔斯河跑半个小时，呼吸一下新鲜空气，感觉特别舒服。然后，我会花半个小时处理微信消息、回复邮件，我一定会在半个小时之内处理完，如果半个小时处理不完，就先放下。用宝贵的时间看书充电，学些自己感兴趣的东西，补充课外知识。有时候，我在家还有时间把午饭、晚饭给做出来，带饭到学校吃。”

通过了解张胜男一天的作息习惯和生活节奏，我们不难发现，她在睡眠、运动、饮食和冥想上都遵循着自己的身体规律，并且进行合理的调节，让自己一天都活力满满。经过一个晚上的充沛睡眠，

> 一个人如果能够控制自己的激情、欲望和恐惧，那他就胜过国王。
>
> ——约翰·米尔顿

以及早上的有氧运动与合理膳食，张胜男给自己充满了电，直到晚上都能保持高效专注。

张胜男的健康的生活习惯也不是一朝一夕养成的，她一直在根据自身的身体情况不断调整，“我也期望每个人都能够了解自己的身体规律，按照自己的节奏去挖掘自己的潜力”。时间是有限的，对精力的不同管理方法决定了每个人在学习和生活中取得的成就。她的朋友圈中有一句话，“此生辽阔，何必轻易束手就擒”，意思是说，虽然每个人的一生都是有限的，但面对这样精彩的大千世界，怎能轻易就被生活绑架？通过适合自己的精力管理方法，你也能像张胜男一样每天精力充沛地探索人生的无限可能。

五、排除干扰法 (elimination)——用快刀斩断内心的乱麻

1. 想要学会有意识地察觉身边的干扰，做更专注的自己吗？
2. 如何抵制诱惑，让自己更集中、高效？
3. 想知道学霸们都是如何一心一意做事的吗？

我们无法专注于正在做的事情，一方面是因为外界的诱惑太多，另一方面是我们的欲望太多。每个人都难以避免被环境或个人杂念干扰，所以，我们要科学地调节干扰因素，在一段时间里专注地处理好一件事。

（一）干扰是令人厌烦的不速之客

内部的杂念：人在这里，心却在别处

提升专注力最有效的方法之一，就是学会排除干扰。在日常生活和学习中，孩子很容易被外界环境和内心杂念干扰，影响做事和学习的专注度。

有时候，孩子明明处于安静的环境中，例如在自习课期间，周围的同学都在认真学习，孩子的内心却无法安静下来，总是被各种杂念干扰，无法专心学习。表面上看，孩子的身体坐在教室里，然而心却在别处游荡。

影响孩子专注力的内部干扰有以下几种：

1. 头脑中的图像、声音或动画

比如萦绕在脑海中的一首歌、一张有趣的照片或一个视频片段等，就可能会让孩子在课堂上走神、胡思乱想，这是因为孩子的思维活跃、想象力丰富，但选择性注意力较弱，他们很难将精力集中在学习上，容易受大脑中的杂念影响。

2. 过度的情绪波动

包括过度的消极情绪，如焦虑、担忧、烦躁等；过度的积极情绪，如激动、兴奋等。关于情绪对专注力的影响，前文已经进行了详细说明。如果孩子无法保持平稳的情绪状态，情绪上的较大波动就会对孩子造成干扰。

3. 无形的压力

父母对孩子过高的期望、繁重的学习或不顺利的人际关系，都可能让孩子产生巨大的压力。这种压力不仅会直接影响孩子在课堂上的表现，让孩子无法专心学习，并且还可能会引发孩子的心理问题。

4 身体状况

包括饥饿、疲倦和生病等。当孩子感到饥饿的时候，他的注意力很大程度上会不自觉地转移到“什么时候吃饭”和“吃什么”的问题上，而很难将注意力集中在学习上。同样的道理，如果孩子感觉身体疲倦或者不适，也很难保持专注。

孩子自己也可以自己回想一下，在同样安静的课堂上，为什么有的同学可以保持长久的注意力，而自己却总是上课走神，无法集中注意力呢？

除了没有学习的目标和兴趣之外，还有一个很重要的原因，就是不善于排除自己内心的干扰。他们的脑海中可能想起了某个有趣的画面，他们的情绪可能产生了某种波动，他们的身体可能出现了某种不适……总之，他们的专注力受到了内在干扰，很难再集中到学习上。面对这些令人厌烦的内部干扰，孩子应该采取什么样的应对措施呢？

要学会让自己的身体完全放松下来，让面部表情也放松下来，这样，内心的各种杂念、干扰也会随着身体的放松而被放到一边。同时，可以做一个深呼吸，让大脑保持清醒，让情绪保持平稳。

孩子感受到压力的时候，可以和父母、老师进行沟通，学着找到适合自己的减压方式，千万不要独自承受。孩子需要在父母的引导下有意识地训练排除内部干扰的能力，这样才能更好地应对各种内部干扰。

外界的打扰：纵容它，是对生命的严重浪费

除了内部干扰，另一个影响专注力的重要因素便是外部环境的干扰。环境对于孩子的影响巨大，现代人的生活环境中充满了各种干扰，比如随时响起的手机铃声、五花八门的电视娱乐节目等，甚至窗外嘈杂的车流声，都会干扰孩子的学习。

外部环境的干扰主要包括环境中的噪音、气味、光线的明暗程度、环境的颜色变化、不舒适的衣物、书桌上杂乱的物品、网络与电子产品等。

很多孩子可能都遇到过这样的情况：

当你想好好学习的时候，你的同学、朋友却不停地给你发消息，找你聊天，或者约你出去玩，在这种情况下你就很容易被干扰，很难高度专注地学习。这时候你应该做的便是，把手机放在一边，拒绝这些干扰与诱惑，督促自己专心学习，否则这些外部干扰可能会让你的学习计划泡汤。

当你忙碌一天后想要回家学习，但是书桌上堆满了乱七八糟的东西，你根本找不到自己想要的学习用品，这时候你的心情变得烦躁，更别提专注学习了。但是当你把房间和书桌都整理干净，清理掉书桌上与你此时学习内容无关的其他物品时，你就会感到身心舒适，一下子就可以静下心来专注地学习了。

外部环境的干扰对孩子的影响远不止于此，尤其是选择性注意力和持续性注意力较差的孩子，外部环境中的一点风吹草动，都会对他们产生巨大的影响。比如在自习课上，同桌无意间翻动书页的声音、钢笔在作业本上划过的声音、电风扇转动的声响等，都有可能成为“噪音”，让他们心烦意乱，无法安心学习。

美国畅销书作家菲尔图在《意志力是训练出来的》一书中写道：“用来对抗外界干扰最有效的训练方法，就是让自己置身于强烈的干扰下，长期锻炼，就能做到不受干扰。比如你是一名大学生，你的注意力总是不能集中。那么你可以这样训练自己：在环境最嘈杂的地方进行学习。我相信起初你会感到十分困难，但是坚持数日之后，你的注意力水平会逐渐增强，不会轻易受外界的影响了，你会发现，

事业常成于坚忍，毁于急躁。我在沙漠中曾亲眼看见，匆忙的旅人落在从容的人后边；疾驰的骏马落在后头，缓步的骆驼继续向前。

——萨迪

自己坐在哪里都能很好地学习。”

菲尔图还指出，那些从条件不好的居住区走出来的孩子，虽然生活环境嘈杂、恶劣，家庭成员众多，但是他们往往比那些生活在优越条件下的小孩更加出色，为什么呢？一是因为他们更加珍惜学习的机会，二是因为嘈杂、恶劣的环境将他们的意志力锻炼得更加坚韧。

在现实生活中，很多人都想“用专注力抵抗外界的干扰”，可事实上，更好的选择是用外界的干扰锻炼自己的专注力。如果能够在嘈杂混乱的环境中专心学习，那就说明其抗干扰能力已经达到一定水平了。

专注于眼前的正事，外部环境的干扰就会变成土地里的“杂草”，无关紧要。比如，在阅读小说的时候，就跟着作者的思路走；在听课的时候，就跟着老师的思路走；在运动的时候，心里就只想着每个运动的要领；在思考某个问题时，就想尽一切办法解决问题……

这样的训练能够有效培养孩子的选择性注意力。当孩子全神贯注地专注于土地里的“庄稼”时，所有外部环境的干扰都会变成“杂草”，变得毫不起眼。相反，如果孩子总是专注于外部环境中的风吹草动，那么他注意到的只会是土地里的“杂草”。

（二）主动远离：遇到障碍物时要有拐弯的能力

不要让任何人扰乱你的时间表

大多数家庭的教育观念都是，教孩子养成“乐于助人、乐于分享”的好习惯，却很少教孩子“学会拒绝、学会说‘不’”。于是，孩子渐渐变成了“小好人”，对于别人的请求总是尽量满足，而不懂得遵从自己的意愿，合理拒绝他人的请求。

这样的例子在生活中十分常见，比如孩子制订好了学习计划，甚至安排好了学习时间，这时同学却“登门造访”，还带来了卡牌游戏，准备和孩子一起玩。望着同学热情的笑脸，孩子不好意思拒绝，只能将学习计划搁置一旁。虽然孩子的内心是渴望学习的，但是同学的打扰，最终影响了孩子的学习计划。

孩子在学习时，很容易受到外界干扰。比如突然响起的手机铃声、父母走进他的房间找东西、从窗外传进来的汽车的鸣笛声，等等，都会影响孩子学习的专注度。如果一些重要的电话必须回复，孩子可以暂停学习进行处理，再马上回到学习状态，找回专注的感觉；对于来自亲人朋友的打扰，可以提前和父母商量，在学习期间尽量避免打扰，或者在孩子学习期间关上窗户。

那些不懂得拒绝、不懂得远离打扰的孩子，大多数情况下都会委屈自己，成全别人。虽然对人友好是一种修养，但是不遵从自己的意愿，随意打乱自己的时间计划，却是不尊重自己的表现。所以，孩子要尽量远离外界的干扰，学会拒绝他人不合理的请求。

有一位小女孩上小学三年级，成绩一直很好，有一天却突然对父母说自己不想上学了。父母觉得很奇怪，通过多方了解后才知道，小女孩所在的班级有个“优生帮差生”的计划。小女孩成绩优异，被老师安排和一位差生成为同桌。结果那位差生提出让小女孩帮他写作业，小女孩不好意思拒绝，也不敢告诉老师和父母；后来那差生越来越过分，每次都要小女孩帮他写作业，所以小女孩才不想去学校了。

由于小女孩不懂得拒绝别人，也不知道如何远离打扰，只能一味顺从和忍让，所以才一直处于“被打扰”的状态。试想一下，小女孩长期被同桌“打扰”，又如何能够集中注意力去学习呢？

对于孩子来说，乐于助人是一种美德，合理拒绝是一种能力。当然，拒绝他人不合理的请求时，也要讲究方法。这样才能维持和谐的人际关系，既不违背自己的主观意愿，又不伤及对方的颜面。

如何才能合理拒绝外界的打扰，不让任何人打乱自己的时间表呢？

1. 对于不合理的打扰，可以直接拒绝

比如孩子在学习、写作业、思考问题时，大人突然闯进房间。无论是打扫房间，还是找东西，都会影响到孩子，这时孩子就可以直接表达自己的意愿，希望大人不要打扰自己的学习。再比如有同学邀请孩子参加聚会，可孩子的作业还没有做，也不想去，这时也可以直接拒绝。

2. 一些可有可无的请求，可以婉转拒绝

有时，一些邀请并不算“过分”，比如有同学邀请孩子一起去逛书店或者一起去图书馆看书，孩子如果有自己的安排计划，同时觉得同学的邀请可去可不去，这时孩子便可以婉转地拒绝——找一个恰当的理由，父母不允许、身体不舒服等；也可以给同学说明情况，表明自己已经有了其他安排，所以去不了。

3. 尽量远离他人的打扰

为了不让自己的学习时间表被打乱，孩子也可以提前预防他人的打扰。比如在写作业之前先告诉大人，不要随意闯入房间，不要弄出太大的声响；将手机调成静音，将游戏机关机，防止突然的信息提示音打断自己专注的学习状态。

在现实生活中，有很多外界干扰是客观存在并且无法避免的，在遇到这些干扰时，孩子应该遵循“惹不起，躲得起”的原则，尽量远离干扰。这样做能够避开很多诱惑，逃离很多干扰，让自己的学习计划顺利进行下去。

趋利避害，远离嘈杂的环境

孩子准备认真学习时，选择一个安静的环境十分重要。

如果环境过于嘈杂，孩子往往很难静下心来，专注于学习。尤其是生活中在繁华的大都市里的孩子，每天都不得不忍受各种噪音的干扰，长此以往，会影响孩子的身心健康。

比如有一位小学生，平时的家庭作业总能完成得很好。每次他写作业的时候，父母都会将电视机关掉，连说话的音量都会压低，让他能够在一个安静的环境中写作业。后来邻居家装修房子，周末也会施工，噪音很大，在施工期间，这位小学生的作业就写得很差。

可见，在嘈杂的环境中，孩子很难专心做好一件事情。孩子对于学习环境的要求，也和孩子的年龄、自身特点及学习内容有关。通常情况下，小学三年级以下的孩子，注意力水平比较低，他们需要在较为安静的环境中才能更好地学习、思考、做事；中、高年级的孩子已经具备了一定的抗干扰能力，他们能够在轻度嘈杂的环境中学习。

除了孩子的年龄，孩子自身的特点与孩子对于学习环境的要求关系密切。比如有的孩子比较敏感，需要较高安静度的学习环境，有的孩子则能在较为嘈杂的环境中有效学习。另外，不同的学习内容，也需要不同的学习环境。一些较为枯燥的、机械性的学习，比如抄

火气甚大，容易引起愤怒的烦扰，是一种恶习而使心灵向着那不正当的事情，那是一时冲动而没有理性的行动。

——彼得·阿柏拉德

写汉字，则无须特别安静的环境；而一些需要高度集中的学习内容，就需要较为安静的环境，比如算术。如果孩子需要一个安静的环境才能集中注意力学习，那么就要学会趋利避害，主动远离嘈杂的环境，避开噪音干扰，创造一个适合自己的学习环境。

虽然绝对安静的环境很难找到，但是营造相对安静的环境还是能够办到的。比如在周边环境过于嘈杂时，可以戴上防噪音耳机，减少噪音的影响。如果居住在比较嘈杂的地段，可以将居室门窗关紧，并且挂上比较厚的窗帘，这样也可以消减一部分噪声。如果周围环境中突然出现较强的噪音，可以考虑暂时离开噪音源，等噪音减弱或消失后再回来。家庭环境中要确保所有的加热设备和制冷电器在噪音方面都能够达到合格的标准，各种家电的摆放不要过于集中，最好可以错开使用时间，这样可以让家庭环境更加安静。当然，远离嘈杂的环境最好的方法就是，对嘈杂的噪音“充耳不闻”。有的孩子在略微嘈杂的环境中，仍可以专心致志地学习，将心思都放在书本和作业上，这是因为他们能够主动屏蔽外界的干扰。

安静的环境对于孩子的学习来说固然重要，但是能够在略微嘈杂的环境中写好作业，也是一种适应能力的表现，这样的孩子选择性注意力也更好。孩子不仅要学会趋利避害，远离嘈杂的环境，更要学会适应环境，将注意力集中在学习上，从而忽略嘈杂的环境。

（三）积极处理：改善一点点，即是改变一大半

拒绝无处不在的诱惑

随着科技的快速发展，现在的孩子从小便接触手机和电脑，升入初中之后，有的孩子甚至有了自己的手机。手机里有各种 App，电脑里也有各种软件，其中包括一些社交软件、游戏软件、娱乐软件，当然也有一些学习类软件。但是，孩子往往沉迷于游戏、娱乐或者社交软件中，真正使用手机和电脑学习的孩子少之又少。在智能科技泛滥的世界里，他们面对比以往更多样、更强烈的诱惑，更容易沉迷其中，无法自拔，导致其专注力在有形或无形中被分散了，严重影响了学习。

1. 社交网络的诱惑

现代网络四通八达，广泛的社交网络与各种社交 App 让人们的沟通变得越来越简单便捷。从前车马很慢，一封信要好长时间才能收到；如今社交网络能让人们实现“零距离”沟通，但它也影响了人们的学习与工作。

于是，生活中便出现这样一些情况：有的孩子一边写作业，一边通过社交网络和同学、朋友聊得热火朝天；有的孩子每天都在朋友圈发表动态，用文字、图片或视频记录自己生活的一点一滴——如果有人看到自己的动态，并且点赞、评论了，他就会高兴得不得了。

社交网络无处不在，时刻诱惑着孩子，让他们的时间过度碎片化，也让他们很难放下手机、专注地做一件事情。

2. 电脑游戏与手机游戏的诱惑

除了社交网络，对孩子诱惑最大的就是电脑和手机上的各种游戏了。我们时常看到孩子为了玩游戏而“废寝忘食”，父母也时常感叹：

“如果孩子能将玩游戏的时间和精力放在学习上，那么孩子的学习成绩就不用担心了。”

对孩子来说，无论是正规网游、手游，还是简单的小游戏，都具有很大的诱惑力。为什么大多数孩子都无法拒绝游戏的诱惑呢？这是因为人的大脑中有一个“奖赏回路”：如果孩子实现了游戏目标，多巴胺的分泌会超出正常水平，让孩子产生愉快的游戏体验，就像是一种奖励，让孩子享受乐趣并且依赖成瘾。

当孩子越来越依恋游戏带来的乐趣时，就无法有节制地使用电脑和手机，眼睛和肩颈都无法得到有效的休息。长此以往，不仅会对孩子的视力产生影响，还会消耗孩子的精力，让孩子的注意力很难集中，最终影响孩子的学习成绩。

3. 电视的诱惑

电视对于孩子的诱惑也很大。虽然看电视可以帮助孩子获得更多知识信息，但是当看电视的时间太长，或者电视播放的内容不适合孩子观看时，就会影响孩子的身心健康。父母应该引导、鼓励、帮助孩子远离这些诱惑，将注意力更多地放在学习上。但是，如何引导孩子合理地使用手机、电脑和电视一直是困扰父母和老师的重大难题。

法国国民议会于 2018 年 7 月 30 日正式通过禁止幼儿园、小学和初中学生在校园内使用手机的法案。法国教育部长布朗凯（Jean-Michel Blanquer）将这一法案称作“21 世纪的法律”，并认为此举可以提高法国 1200 万学龄儿童的纪律性。

看到这样的消息，国内的家长和孩子会产生怎样的感想呢？在 21 世纪，法国竟然要动用法律手段来管束孩子使用手机。但是，手机、电脑和电视都是新时代的产物，父母不可能完全禁止孩子使用它们，关键在于如何引导孩子正确、合理地使用它们，这既需要父母的监督和帮助，也需要孩子主动积极地配合。这是积极处理外部干扰的最佳方法。

从孩子的角度看，应该如何抵御社交网络与游戏的诱惑呢？

美国加利福尼亚州立大学的神经学教授拉里·罗斯指出，想让年轻人摆脱社交网络的侵害，最好的方法就是暂时隔绝这些社交网络和其他一些联系方式，假装自己生活在1985年。请注意，拉里·罗斯教授说的是“暂时隔绝”，也就是在需要专心学习、专心做事的时候，可以先放下手机、关掉电脑，让孩子远离社交网络的干扰。虽然孩子的生活不能没有社交网络，但“暂时隔绝”还是可以做到的。

哈佛大学教授斯皮策在《数字痴呆化》一书中写道：“很多小学作业都在网上完成，对电脑、ipad和手机的使用限制就必须放宽。这时，可以引导孩子学习检索和使用百科来解决生活和学习中遇到的实际困难，还可以教孩子一些‘创造性’的东西，比如做PPT、做动画、处理照片等，当孩子发现电脑可以做那么多有趣的事情，就不会把注意力全部集中在游戏上了。”当然，专家只是提出了建议，并不一定适用于所有孩子。

孩子应当增强自制力，严格控制玩游戏的时间，从而有效锻炼自己的抗干扰能力。还可以通过聊天、运动、听音乐等方式缓解学习带来的压力和焦虑感，让身心处于放松、愉悦的状态中。

家长可以做的是，严格控制孩子每天玩手机、用电脑和看电视的时间；注意手机屏幕的亮度，让孩子的眼睛与手机屏幕保持一定的距离；屏蔽有害孩子身心健康的网页及App；关闭手机的付费功能；鼓励和引导孩子减少玩游戏的时间，增加与家人和朋友面对面进行交流的时间；带着孩子积极参与亲子活动、户外活动、社会公益活动。

同时，家长还应该以身作则，不能一味地要求孩子少玩游戏、少看电视，而自己却长时间地玩游戏、看电视。只有父母做得对，孩子才能学得好。

心随境转，不要小看整理的作用

杂乱的环境对于孩子的专注力会产生极大的干扰。如果孩子的房间乱七八糟，衣物、玩具到处都是，书桌上摆放着各种各样的杂物，孩子连自己想要的书籍或学习用品都难以找到，又如何专注地学习呢？

外界环境对于孩子的影响巨大，正所谓心随境转，杂乱无章的环境很容易影响孩子的心态和情绪，让孩子无法专注于学习。因此，孩子应该学会整理自己的房间，让自己处于一个干净、舒适、整洁的状态下，这样能够很好地排除外部环境的干扰，有利于专注力的发展。

如果孩子能够将自己的房间收拾得干净、整洁、井井有条，这从侧面反映出孩子做事有计划、有条理。更重要的一点是，排除了生活环境中的部分干扰，能让孩子更加专注地学习。那么孩子应该如何整理自己的房间，有效排除生活中的干扰呢？

1. 书桌一定要保持整齐，不能堆放太多东西

书桌是孩子平时学习、做作业的地方。书桌是否干净、整洁，很大程度上会直接影响孩子的心态和学习效率。"脏、乱、差"的书桌是极大的外部干扰，会严重影响孩子的注意力。

整理书桌的第一步是将书本摆放整齐，书本应该按科目分类摆放，以方便查找。对于同一科目的书本，还可以按大小排列，那种由高至低的线条本身就会使孩子感到舒心。另外，书桌上尽量不要摆放一些与学习无关的杂物，要保持书桌整洁，可以遵守"一个月清理原则”，就是一个月之内没有被使用的东西，都可以从书桌上清理掉。除了书本和学习用品，还可以在书桌上摆放一盆绿植，它能够有效提升学习氛围，清新空气，缓解孩子的眼疲劳。

美国著名企业家罗兰·威廉姆斯曾经说过：“那些桌子上老是堆满乱七八糟东西的人会发现，如果把你的桌子清理一下，留下一些手边待处理的，会使你的工作进行得更顺利，而且不容易出错。”在孩子整理自己的书桌时，会发现自己的思维也跟着变得井井有条了。

2. 整理好自己的玩具、衣物和私人物品

现在的孩子最不缺的就是玩具，每次过生日或者考试取得好成绩时，往往都能收到各式各样的玩具或礼物。如果孩子没有学会整理，它们就可能出现在家里的各个角落，这样一来，孩子在玩耍的过程中就可能会因找不到自己想要的玩具而心烦意乱，责怪父母没有帮忙整理好，或者把父母帮忙整理房间和玩具看作理所当然，长此以往，非常不利于孩子自己整理能力的发展。整理玩具最好的方法就是让父母准备一个收纳箱，玩具按照形状和大小摆放好，玩的时候拿出来，不玩了就放回原位；也可以准备一个玩具放置架，将大大小小的玩具放上去，就像家庭装饰一样美观。孩子的衣物也应该整理好，可以按照颜色、款式和季节分类放进衣柜里，需要穿的时候，找起来就会很方便。千万不要将脱下来的衣物随处乱扔，那样只会让房间变得一团糟。最后，孩子肯定有自己的私人物品，比如日记本、存钱罐或者其他小东西，这些东西可以放进一个小箱子里，成为孩子的“秘密宝藏”。

当然，孩子在整理房间的过程中，父母最好可以在一旁引导和帮助，在适当的时候教孩子一些基本的生活技能，比如叠衣物、叠被

再多的焦虑也改变不了未来。再多的后悔也改变不了过去。

——凯伦·莎尔曼森

子、打扫房间等。孩子在整理房间的过程中，不仅可以学到生活技能，还可以学会辨识及排除生活中的“干扰源”。

（四）从一而终：发现无数问题，不如致力于解决一个问题

同时处理多项任务的隐患

在快节奏的时代，很多人迷失在追求效率的路上——为了提高工作或学习效率，往往同时处理多项任务，大脑为此超负荷运转，最后，不仅降低了效率，也容易造成一项任务也完成不好的局面。比如，有的孩子在放学回家后，同时做好几个学科的作业，一会儿做数学运算，一会儿又背诵英文单词，最后每个学科的作业完成质量都不高，花的时间也较长。

为什么孩子在同时处理多项任务时，质量和效率都得不到保障呢？这是因为当孩子在同时处理多项任务时，其注意力会在多项工作之间不断切换，这将大量消耗孩子学习、做事所需的能量。这也是许多孩子想要同时完成多项学习任务、最后一项也没有做好的根本原因。

孩子在同时处理多项任务时，也很容易找不到“重心”，特别是分配性注意力较弱的孩子，不知道应该将自己的精力投入到哪一项任务上，导致每一项都变成了“干扰”，从而顾此失彼，最后一项任务也没有完成好；同时处理多项任务，还容易使大脑快速疲劳，如此

一来，原本简单轻松的任务也会变得十分困难，从而需要更长的时间来完成。

著名的 Oxford Learning 网站上也提到了同时处理多项任务对孩子的不利影响，它会直接导致孩子的注意力分散、学习效率降低。孩子也可以在 Oxford Learning 网站上学习成功的 12 个秘诀，其中最重要的秘诀便是：在一段时间内只专注于学习一件事情，停止多项任务操作，做到有效率地学习。通过一心一意地学习，可以提升在每一项任务上的专注力。刘东华曾经说过：“如果一个人围着一件事情转，那么全世界都会围着他转；如果一个人围着全世界转，那么全世界都会抛弃他。”

相较于分散注意力、同时处理多项任务，一心一意地完成一项任务，能更好地集中注意力，提高效率。所以，与其同时处理无数问题，不如致力于解决一个问题，这就是排除干扰的最好方法。排除干扰、保持专注的关键就是一心一意，从一而终。就像聚焦原理那样，将自己的时间和精力都集中运用到一件事情上。当你选择了一项任务之后，就努力而专注地付出，真正地把自己的精、气、神都集中于一点，这样自然能够将任务顺利完成。当你排除所有干扰，以最专注的状态投入那一项任务中时，你会发现，自己的效率是如此之高！

一旦走起来，就别随便停下

孩子想要在学习中排除干扰、保持专注的状态，还有一个好办法，就是从一而终，一旦走起来，就别随便停下。当你采取行动，走在路上时，就会发现自己越来越专注了。

从小到大，我们听到最多的一句鸡汤可能就是，“坚持，坚持，再坚持！只有懂得坚持的人，才能取得好成绩，只有努力了，才能找到好工作，过上好的生活”。

然而，现实的世界却给了我们不同的答案——有的孩子总能一心一意地坚持学习，不分昼夜地背诵课文、单词和语法；有的孩子却三心二意，一会儿写作业，一会儿忙着和游戏队友披甲厮杀……前者在学习中能够保持高效、专注的状态；后者却注意力分散，做什么事情都无法坚持，只能保持“3 分钟热度”！

如果孩子选择了一项任务，并且开始采取行动了，接下来需要做的，便是排除外部干扰和内心干扰，全身心地投入到任务中去，更为重要的是坚持，直到任务完成为止。

在行动的过程中，可能会遇到障碍，这时候千万不要放弃，而应该继续坚持，有始有终。只有坚持，才能跨越障碍，而且坚持还可能带来意外的收获。比如有一首数学题很难解，你坚持了很长一段时间都没有想出正确的答案，当你快放弃的时候，脑海中却突然蹦出一个想法，数学难题瞬间得到了解答。再比如你要写一篇作文，手里握着笔坚持了很久，都没有写出一个字，这时灵感一闪而过，你很快便写好了作文。

生活中不是经常发生这样的事情吗？当我们坚持去做一件事情的时候，注意力会越来越集中，很多问题都迎刃而解，而且你会发现，这些问题远比你想象的要简单得多。

或许孩子已经努力地坚持了一段时间，已经尽量排除了各种干扰，但是获得的成效仍旧不大，这时候是继续坚持，还是选择放弃呢？你应该考虑任务的难度，如果在自己的能力范围之内，就继续坚持，没有获得好的成效可能只是因为付出的时间不够；如果任务难度较大，就想想著名的“1 万小时定律”，只要在完成任务的条件上没有太多的硬伤，任何领域都可以通过坚持获得成功，这不仅是一句励志的名言，更是经过科学实践检验的真理！

美国畅销书作家马尔科姆·格拉德威尔在《异类》一书中写道：“人们眼中的天才之所以卓越非凡，并非天资超人一等，而是付出了持续不断的努力。1 万小时的锤炼是任何人从平凡变成世界级大师的必要条件。”这便是著名的“1 万小时定律”：不管你做什么事情，只要坚持 1 万小时，基本上都可以成为该领域的专家。

除了远大的人生目标和遥远的梦想，恐怕没有什么任务需要孩子坚持 1 万个小时吧？很多孩子无法坚持，通常是因为受到外部环境和内心环境的干扰。这些干扰让孩子在完成一项任务时，只能保持“3 分钟的热度”，在这种情况下，孩子如何能够保持专注并且提高学习效率呢？

英国作家于尔根·沃尔夫曾经说过：“失败的唯一途径就是你的自我放弃！”

孩子在开始一项任务后，就不要轻言放弃。无论任务大小，最好等这项任务完成之后，再停下自己的脚步，选择休息、充电或者就这项任务的完成情况进行总结。这样能够让孩子更好地保持专注。相反，如果在行动过程中停下来，必然会受到外部环境和内心环境的干扰，影响注意力，并且降低完成任务的效率。

愉快的笑声，是精神健康的可靠标志。

——契诃夫

（五）扪心自问：为心灵减负

解开心结，拥抱阳光

现在很多孩子的生活质量越来越高，学习环境越来越好，内心的问题却越来越多了。部分孩子的内心是敏感而脆弱的，一旦出现问题，不仅会影响学习，还会影响孩子的身心成长。孩子的内心问题包括压力过大、情绪不稳定、厌学、孤独感和焦虑感等。排除干扰法将这些问题归入“内部干扰”，它们会对孩子的专注力产生极大的影响。

想要排除“内部干扰”的影响，最好的方法就是自我调节，解开心结，给自己的心灵松绑。无论孩子的内心有多少个心结，都可以一个个解开，这个过程等同于不断排除孩子内心的干扰，能够让孩子保持健康的内心，并且有效提升专注力。

下面介绍几种通过自我调节来解开心结的方法。

1. 扪心自问，通过写日记来进行自我调节

每个孩子都有自己的秘密，只想让自己知道，不愿与他人分享。为了解开心结，更好地排除内心干扰，孩子不妨通过写日记的方式，与自己对话，对自己敞开心扉。孩子可以给自己准备一本日记本或下载日记 App，通过写日记的方式来进行自我对话和自我反省。比如设置一些问自己的问题作为模板，每天晚上睡觉前问自己一遍，就像在和自己对话一样。每天反省一次，就多一次自我调节和自我进步的机会。同时，孩子还可以在日记中给自己设立目标，鼓励自己。写日记可以有效地帮助自己树立明确的目标，并且让自己的内心保持平和、愉悦的状态，有效减少内部干扰。

2. 多交友，建立与他人的良好关系

莎士比亚曾经说过：“交际，是人生的幸福。”每个孩子的成长和发展都不是孤立的，必须在与同伴的互动中才能实现社会化，成为一个“集体人”。所以人际交往对孩子的成长意义十分重大。人际关系代表着人的心理适应水平，是心理健康的一个重要标志，而人际交往不顺往往是产生心理疾病的主要原因。如果孩子缺少正常的人际交往，很大程度上会出现各种心理问题，比如害羞怕生、孤僻退缩、以自我为中心等。所以，孩子要在日常生活中多交友，建立与他人的良好关系。当孩子拥有了志同道合的朋友之后，就不会再被孤独、害羞、恐惧等心理问题困扰了。

3. 运动能够让孩子放松身心，有效缓解压力和焦虑感

人在运动后，紧张、焦虑、抑郁等负面情绪水平会明显下降，而愉悦度会明显提高。这种现象就是“体育锻炼的短期情绪效应”。对孩子来说也是如此——那些长期坚持体育运动的孩子，其精神面貌的确更好，比普通孩子更具活力。这是因为在运动过程中，孩子的大脑会分泌一种“快乐激素”——内啡肽，它能够让孩子感到愉悦和满足。而且运动还可以促使孩子的身体合成血清素和多巴胺，它们也是能让孩子心情愉悦的脑内化学物质。所以，孩子经常参加体育运动，能有效缓解压力和焦虑感。

4. 父母也应该参与其中，帮助孩子解决内心问题

若孩子出现内心问题，父母对此不能忽视，更不能旁观，毕竟父母是孩子最愿意亲近的人。如果父母只知道忙工作，而忽略了孩子的内心感受，很容易引起孩子心理上的问题。在日常生活中，父母应该给予孩子更多的关爱，要花时间陪伴孩子，走进孩子的内心。周末或节假日，应该多一些亲子互动。这样才能让孩子保持身心健康，无忧无虑地成长！

“空杯心态”，迎接更好的未来

困扰孩子的心灵问题，往往源于过去的积累。每个人的生活都分过去、现在和未来。过去的，我们无法挽回，也无须沉溺其中。对于孩子来说，念旧并不是一件坏事，可是一味沉溺于过去，让自己产生心结，放不开、放不下，就会影响自己的成长与生活了。

美国成功学之父卡耐基曾说过：“你的心态会影响你的生活，你现在拥有怎样的生活，都是由你的心态决定的。不管是成功还是失败，都是属于过去的东西，如果你一直沉溺在过去的回忆里无法自拔，那么就永远不会有进步。”

心理学上有一个著名的“空杯心态”，它能够帮助孩子与过去和解，获得崭新的人生。什么是空杯心态？就是把自己想象成“一只空着的杯子”，放下过去的一切，从而更好地接受新的事物，更好地面对未来。空杯心态并不是完全否定自己的过去，而是以放空过去的态度融入全新的环境，以积极乐观的态度面对全新的事物。

1.“空杯心态”就是将过去归零，与过去的自己说再见

有的孩子总是沉溺于过去：以前学习成绩不好，还被老师批评过，所以自己并不是成绩优秀的好学生；自己曾经努力过，想要提高学习成绩，最后却失败了，这说明努力并没有用；自己曾经和某个同学吵过架，不可能再和他成为朋友了……他们放不下过去的悲伤与失败，内心压抑、精神紧张，这些内部干扰严重分散了他们的注意力。其实，在这个世界上，每个人都有自己的缺陷，都经历过失败的打击，都曾有过心结。但是无论过去经历了什么，都不要让其成为你前进的阻碍。

如果能左右自己的思想，就能够控制自己的情感。

——克莱门特·斯通

因为过去已经成为事实，纵使我们追悔莫及也无法改变，而我们有能力改变的，只有现在和未来。

2.“空杯心态”就是不断挑战自我，并且永不满足

拥有“空杯心态”的孩子，会随时随地对自己所拥有的知识和能力进行整理——淘汰过时的，为新的知识及能力腾出空间。同时，还会放下过去的成绩，不断刷新自己的起点，获得一次又一次的成功。

（六）学霸故事：用快刀斩断内心的乱麻

翻开哈佛设计学院学霸叶雨露的作品集，你会由衷地被她巧妙的创意和跨界的巧思折服。本科时珠宝设计课上的作品被 Tiffany & Co.（蒂芙尼）看中，并收到橄榄枝，邀请她成为高定珠宝设计师；自发设计动物行走辅助器，让意外伤残的宠物可以重新站起来；帮《国家地理》做太空头盔，让用户可以带上 VR 设备环游太空；为纽约 Citi Bike 共享单车系统设计车钥匙，千万个游客都接触过她的作品……她不只精于一个领域，而是涉猎不同的领域，学一样，懂一样，精一样，从艺术跨界到科技再到工业，她每做一件事都“一心一意”，但也不止步于自己的舒适圈，一次次“扪心自问”，追随着自己的好奇心和创造力向新的领域出发。叶雨露谈到艺术创作的秘诀时说道：“艺术作品需要时间去打磨，首先自己要细致钻研、用心思考，其次要排除干扰、专心创作，这样作品才能拿得出手。”

全美第一设计学院的传奇

直到现在，叶雨露依旧是美国最顶尖的设计学院——罗德岛设计学院（RISD – Rhode Island School of Design）的传奇人物。她为了提前毕业，一学期修七门课，学业繁忙却依旧成绩全 A，而且还兼顾实习。她在大三的时候就收到了 Tiffany & Co. 的实习邀请，大四时得到布朗大学的研究生有条件保送资格。但她因为有更大的目标，先后拒绝了这些机会，最后选择前往哈佛大学设计学院继续深造。

"当时想提前毕业。除了学分已经差不多修完了，主要是想空出一个学期去旅游，去看看世界，从而学习学校课堂里缺乏的技巧和经验。"为了实现这个目标，叶雨露在最后一个学期修七门课，同时还在波士顿兼职实习，她需要经常往返于两座城市。在别人看来不可思议的日程安排，叶雨露却乐在其中，在保证充足休息和玩耍的时间的情况下，她出色地完成了课业和实习。

被问及学习诀窍时，叶雨露说："在学习或是工作的时候，我能够很快地进入深度学习的状态，不被外界的琐事干扰。"有一次，周末的时候叶雨露去找在布朗大学的朋友玩，晚上留在朋友的宿舍里自修学习，没料到那天晚上，楼里有同学在办派对。喧闹的人群和嘈杂的音乐是一种非常大的干扰，然而叶雨露完全没有受到影响，"当晚，我在和朋友探讨未来的工作方向，聊工程学和材料学的书，我对此非常感兴趣，而外面喝酒闲聊的活动对我一点吸引力都没有。我觉得一个人在做真正感兴趣、有价值的事情时，就会进入一种忘我的学习状态，这样就能排除周围的干扰了"。

除了尽可能地排除外部的干扰，叶雨露在应对诸如压力、灵感不足等内部干扰时也有自己的一套方法。在遇到落实灵感与截止日期相冲突的情况时，她会先依照教授的要求，搭出项目框架，把基本的方向和内容定下来，然后按照金字塔的方式循序渐进地完成自己的计划。在具体安排上，叶雨露会先花 20% 的时间找到自己的主题概念，然后根据项目要求做出最基本的内容，"即使这个时候要交作业我也不怕，因为我已经保证了作品的完整性，只等锦上添花了”。接下来，她再完善外观和做工，让整个项目更加精美。因为方向已经确立了，所以也不会跑偏，或者做出一个虎头蛇尾的作品。

此外，叶雨露会为自己设定一个比教授要求的更早的截止日期，不给自己拖延的借口。在她看来，艺术作品的设计不能以教授要求的截止日期为唯一期限，因为压力越大，灵感就越难抓住，自己也很难怀着良好的心态做好细节。“周围有很多同学在教授要求的截止日前熬夜做项目，但是我不会允许这种事情发生在自己身上，因为我并不希望自己前面延误、后面去赶截止日期而牺牲作品的丰满度。”叶雨露坚定地说，“在心里给自己设定更早的一个截止日期，就可以淡定地按照计划进行，还能留出多余的时间，在交作业之前还能够重新审视自己的项目，看看有没有可以修改的地方，尽力做到尽善尽美！”

谈到叶雨露和 Tiffany & Co. 的缘分，她说：“这纯属是个意外。”一开始因为感兴趣，叶雨露在大一暑假修了一门与珠宝设计相关的课程，也借此设计了几款戒指。设计图纸偶然被 Tiffany 设计部门一眼看中，“我当时收到了 Tiffany 高定珠宝设计师的实习邀请，自然是非常开心的。这是个著名的国际品牌，能得到他们的认可也是对我能力的一种肯定。但是在与父母、老师、同学们沟通后，我还是拒绝了这个机会。当时我的职业发展目标非常明确了，我对工业设计非常感兴趣，不想将奢侈品设计作为自己的主业”。的确，如果参加 Tiffany 的实习，叶雨露的履历上虽然会增添一段优秀的经历，但同时也会让她偏离原定的探索方向，因此她拒绝了这个别人求之不得的机会。“我更想做有创新、有突破性尤其有实用价值、能帮助人和社会的产品。”在她心目中，这才是她专攻的方向。

跨界，用心将艺术与科技结合

叶雨露从小就对艺术设计有着浓厚的兴趣，但也有迷茫的时候，学设计是天天修图吗？未来会从事什么工作？她也坦诚地说道：“曾经我以为，设计要么是做手工，要么是做一些天马行空的大项目，让我看不到自己做的作品的实际意义与价值。”后来，在一次次尝试与实践中,叶雨露终于找到了自己热爱的领域——产品和工业设计方向。

大二下学期时，叶雨露迎来了自己人生中第一个个人设计项目，这令她对艺术设计有了新的认识。那次项目的主题是医疗产品设计，周围有很多同学选择以外观设计为主要导向，但叶雨露觉得，从现实角度来看，在医疗产品的设计中，外形设计其实只占小部分，更为紧要的是从材料、原理、技术、用途等多方面优化其实用性。叶雨露给自己定下目标，在这一项目中，不仅要做好产品的外观设计，更要让这个作品与现有的最新科技结合，在医用角度上真正具备价值与意义，而不只是个摆件，这样也能够为社会带来一点点帮助。

艺术来源于生活，叶雨露当时想起她的教授提到自己的宠物狗因膝盖受伤，一直行走不便，便以此为灵感，决定做一款能够帮助行动不便的狗狗再次奔跑起来的产品。经过前期进行的市场调查与向专业领域的教授们大量取经，以及无数次的实验后，叶雨露成功设计并制作出产品模型。最终在她的作品的帮助下，教授的宠物狗及其他众多有同样困扰的狗狗重新自如地行走和奔跑，她也因此找到了艺术设计中蕴含的价值。

以此为契机，叶雨露开始了她的“跨界”之旅，寻找设计与科技的平衡点。在罗德岛设计学院的时候，叶雨露对很多学科都很感兴趣，也进行了不少尝试。比如，本科期间她辅修了布朗大学生物学院的课程，后来也展开了对现代机械科技相关学科的探索。叶雨

CONCEPT #3
Plug
CONCEPT #4
TOP VIEW
SIDE VIEW
CONCEPT #1
charging port
SIDE VIEW
CONCEPT #5
charging port
SIDE VIEW
CONCEPT #6

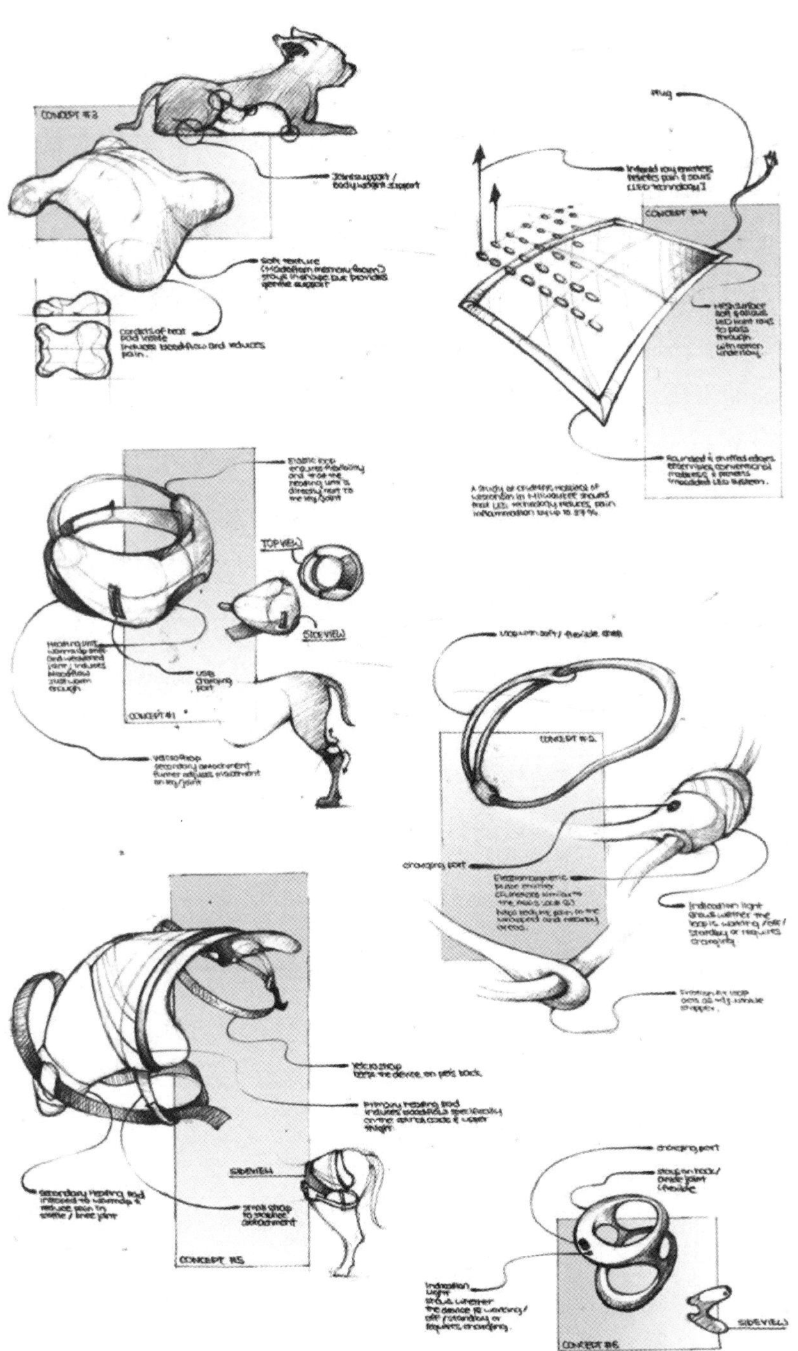

叶雨露的设计作品

露说，她在本科时的学习过程大多是“孤独”的，想和本专业的同学讨论技术问题，但很少有人能听懂或感兴趣；而在布朗大学的课堂上，周围的同学绝大部分都是工科出身，很少有人对艺术有极为深入的了解。直到来到哈佛设计学院，叶雨露在探索艺术与科技相结合的道路上才不再是一个人，这里的很多同学都有交叉学科背景，教授也鼓励拥有不同经历的学生组队交流。叶雨露能够与各个领域的人共事，在遇到专业性强的项目时也可以与组员进行高效的交流。与此同时，她还选修了麻省理工学院媒体实验室（MIT Media Lab）的很多课程，致力于设计、多媒体和科技等技术转换的研究，了解到更多前沿科技在艺术领域的应用。与志同道合的同学们一起做事，在感受不同学科在艺术大环境下相互碰撞的同时，叶雨露的艺术灵感也不断被激发出来。

谈到未来，叶雨露说自己是个工科女艺术生，她目前对生物启发工程设计很感兴趣，“因为相比于现在广泛应用的大型钢铁结构设计，生物启发工程和软结构设计目前还是个很新的领域，还处于探索阶段。我希望能将这一领域的科研成果运用到艺术作品中，做出一定程度上可以推动社会或科研进程的产品。”

一心一意，排除外界的干扰，调整自身的专注力。可能不是每

精力充沛和它带来的饱满情绪，既然比任何其他事情在幸福中占更重要的地位，教人保持良好的健康和饱满情绪就比什么都重要。

——斯宾塞

个孩子都会成为设计师、艺术家，但我们也可以学习叶雨露的工作方法，将一个繁重的任务细化，专心致志地处理每一个细枝，再一步一步搭起大树。同时，我们也要注意反省自己的内心，向自己提问，到底什么是自己最想要的。这样才能排除周围的诱惑，聚焦于真正有价值的探索。叶雨露毅然跳出设计学院的“舒适圈”，辅修 STEM（科学 Sicence、技术 Technology、工程 Engineering、数学 Math）课程，成为设计学院为数不多的“跨界者”，追求设计背后的社会意义与价值，想要用艺术改变社会。我们也可以试着反省自身，放下过去，走出舒适圈，获得无限的成长！

六、神经反馈训练（EEG）——带来心脑合一的最佳状态

（一）EEG：使用电生理指标记录大脑活动

脑电波：大脑活动的节奏

有人说，人类和其他动物的差别就在于大脑。人类拥有最发达的大脑皮层，有着最大的相对脑量，大脑占自身体重的 2.1 %，并分化出许多高度专门化的区域。大脑是最复杂的身体结构之一，对拥有 1000 亿个神经细胞及同样数量巨大的胶质细胞的人类大脑的研究，被称为“科学的最后一个前沿阵地”。大脑是如何运作的？解开这个谜题是许多科学家们的终极梦想，而脑波便是一条探索之路。

人类的大脑每秒钟都会产生像“电流脉冲”一样的脑波，无论你是在学习，还是在运动，甚至是在睡觉时，你的大脑都不曾停

歇。科学家们将大脑内的神经细胞活动时所产生的波动称为脑波（brainwave）。用一句话来说明脑波：它是脑细胞活动的节奏，或者是脑细胞所产生的生物能源。可以通过不同的脑波频率，判断一个人的内外在行为、情绪及学习上的表现。现阶段的脑科学家和医务人员已经可以通过计算机技术对脑波进行观察与记录。按照频率，脑波可被分为五大类，分别对应不同情况下的意识水平。

δ 波 (delta waves)

δ 波是缓慢的脑电波，它的频率很低，其范围为 0.5—4Hz，穿透性很强，可以把它想象成缓慢的鼓声。在人们处于“没有意识”的阶段，例如在深度的冥想状态，或是在无梦的睡眠中，δ 波就会产生。

θ 波 (theta waves)

θ 波比 δ 波频率稍高，频率范围为 4—8Hz。当人困倦时，或者身体深度放松时，我们可以观测到 θ 波，这时人们的感官从外部世界转向专注于内部的信号，所以也被称为“潜意识”的状态。

α 波 (alpha waves)

α 波频率范围为 8—13Hz，是大脑的休息状态，也是连接潜意识和意识的桥梁。α 波一般在身体放松但意识清醒的状态时出现，在安静闭目时会出现 α 波，而睁眼思考问题时，α 波会消失。

β 波 (beta waves)

当我们处于清醒的意识状态，需要集中注意力应对外部世界，或者处理高认知水平的任务时，我们的大脑就会产生 β 脑波，这也被称为显意识状态。β 波是一种比较快速的波段，其范围为 13—32Hz，当我们警觉并专注地进行判断、解决问题并作出决策时，β 波就会出现。

β 波被进一步分为三个波段：低 β 波 (Beta1, 13—16Hz)，常规 β 波 (Beta2, 16—20Hz)，高 β 波 (Beta3, 20—32Hz)。低 β 波可以被认为是一种有意识的空闲状态或沉思状态；常规 β 波是一种投入或积极思考的状态；高 β 波是一种更复杂的高度集中状态，它可能融合了 γ 波 (gamma waves) 的新鲜体验、高度焦虑或兴奋的状态。不过，大脑很难长时间、持续地进行高 β 波处理，因为它需要大量的能量。

γ 波 (gamma waves)

γ 波是比 β 波频率更高的电波，是脑电波中速度最快的一种。它通常在 32Hz 以上，与同时处理来自不同大脑区域的信息有关。学界对于 γ 波是如何产生的这一问题至今都没有定论。有研究表明，γ 波在人们怀有博爱和无私的情绪或处理更高层次的精神活动时会出现。

EEG：量化你的脑电波

人的大脑内约有 860 亿个神经细胞，我们称之为神经元，人脑中神经元的数量已经超过了估算的银河系中星星的总数，它们齐心合力，共同传递着信息。神经元会感知环境的变化，再以极快的速度将收到的信息传递给其他的神经元。神经元之间通过树突和轴突彼此连接，神经元受到阈上刺激后产生动作电位，即在适当数量的传递后会形成电流传导。同一个神经元，在接受不同组合的刺激输入时，会输出不同的电信号，有时会是兴奋性的信号，有时会是抑制性的信号，有时两种信号会同步进行。

科学家们通过记录脑中场电的变化，就可以知道一个人在完成一项任务时到底调用了哪个区域的神经元，产生了什么样的脑电信号的变化，从而更好地探索大脑的奥秘。那么如何测试呢？现在科学家们可以使用脑电图跟踪、测量人的脑电信号。

脑电图（electroencephalogram，简称 EEG）是一种检测、记录脑电波的测试方法，记录下极短时间内的脑电信号，将记录电极和参考电极间的电位差作为电压，电压随着时间变化构成脑电图的波形。在传统的脑电图测试中，医护专业人员会将带有细线的小金属盘贴在被测者的头皮的不同位置上，这些小金属盘组成电极，可以探测到脑细胞活动产生的微小电荷。然而脑电波的电压极小，通常只有百万分之几伏特，很难被直接检测到，于是，科学家们将装备连接到放大器和脑电图记录仪上，放大来自大脑的电信号，并将其以波形的形式显现在计算机屏幕上。这就是脑电图跟踪并记录脑电波的模式。大脑中正常的电荷活动通常有一种可识别的模式，而专业的医护人员可以通过脑电图寻找到异常的脑电波模式。

脑电图的作用有很多。有些脑电图测试能测量人的大脑在视觉、听觉或触觉刺激下的电荷活动，因而有时脑电图被用来诊断和监测癫痫病，有时被用于评估严重头部损伤后的大脑活动。脑电图还可以用来识别其他问题的内在原因，比如睡眠障碍，或者突发的行为

有一句话叫“境由心生”。很多时候，人的痛苦与快乐，并不是由客观环境的优劣决定的，而是由自己的心态、情绪决定的。你看路边的小草，被人踩来踩去，可它还是活下来了，它拼命地站起来，接受大自然给予的阳光、雨露，所以，它比温室里的花朵更有生命力。

——卢勤

变化等。

脑电图技术自 20 世纪问世以来获得了全球的关注，现在平均每年有数千篇关于脑电图技术的学术论文发表。随着技术的发展与成熟，脑电图技术有了越来越广泛的运用。除了基础研究、神经科学、临床医学之外，现在其应用领域已扩大到了心理学、计算机科学、教育学等。专业人士也可以利用脑电图，根据不同的脑波频率，判断一个人的在行为、情绪及学习上的表现。

（二）神经反馈训练

何为神经反馈训练

很多人听到“神经反馈训练”一词时都会一头雾水，这的确是个新名词，但大家对于下面的场景肯定并不陌生。

孩子发烧了，送到儿童医院后，护士首先会要求用温度计测量体温。

每年做体检时，都会检测血压，因为它能够反映心脏和血管的功能状况。

电影中的测谎仪可以通过观察人的瞳孔直径、心率判定人到底有没有说谎。

上述的场景都使用了生物反馈（biofeedback）技术，这是一种通过监测皮肤温度、血压、心率、脑电波和其他身体状况来获取信息的方法。神经反馈训练也是生物反馈技术的一种，被称为脑电图生物反馈，可以帮助人控制通常无意识、无法控制的身体过程。

神经反馈训练是一种非入侵的技术。长期以来，人们所熟悉的改变大脑的方法只有三种：神经外科手术、侵入式或者非侵入式的电磁刺激，以及服用神经刺激药物。无论哪一种，都有点让人望而生畏。然而，神经反馈训练技术并不需要入侵你的大脑，它的核心技术是大脑点位和量化脑电波频段数据的获取，以电子传感器技术、计算机技术为基础，通过一个程序来评估使用者的脑电波活动，判断不同波段的脑电波在不同大脑点位的情况，并提供即时反馈。然后，该程序使用声音或视觉信号来重组或重新训练这些大脑信号，使之针对反馈做出有指向性的自我修复。通过这一过程的反应，用户会渐渐学会调节和改善他们的大脑功能。可以把这个过程想象成一个交响乐团，在大脑活动失调时，这个“交响乐团”中的弦乐和管乐互相不配合，发出的是令人不快的不和谐的噪音；但通过神经反馈训练，大脑进行“调音”，并听从指挥，那这个“交响乐团”就能演奏出震撼人心的音乐。

神经反馈训练基于生物反馈的原理，在使用期间使用者不会被施加电、磁、辐射等外部刺激——就像在做心电图的时候一样，是快速、无痛的检查——因而不存在副作用。

随着科学技术的高速发展，神经反馈技术自 20 世纪 80 年代问世以来，已从单通道发展到 19 通道，从经验性定性分析发展到依托人脑大数据库的脑电量化分析（Quantitative Electroencephalography，QEEG）。接下来我们将简单介绍传统的神经反馈训练的医学运用，然后讲述在当今社会，随着科学的发展，神经反馈训练更广泛的运用。

传统神经反馈应用：脑部疾病患者的福音

20 世纪 50 年代末，芝加哥大学心理学教授卡米亚（Joe Kamiya）和加州大学洛杉矶分校的斯特曼博士（Barry Sterman）进行了很多关于脑部疾病的研究，他们是神经反馈训练的鼻祖。[①]

卡米亚博士发现通过简单的奖励机制训练和反馈，人们可以学会调整大脑活动，产生更多的 α 波。在经过一段时间的训练后，一些被试对象甚至可以通过简单的声音提示进入 α 波的放松状态。卡米亚教授将自己的研究结果发表，说明关于 α 波的训练是有效的，可以缓解压力和应激症状。这就是人类历史上的第一次脑电图神经反馈训练。

斯特曼教授也进行了类似的研究。他无意间发现自己先后进行的两项实验有惊人的巧合，第一次提出了神经反馈训练可以治疗脑部的病理状态。

斯特曼博士在 1968 年做了一项实验，测试动物是否可以提高它们的“感觉运动波”（sensorimotor rhythm, SMR），即一种波长在 12—15Hz 的脑电波。实验对象是猫，每次被测试的猫提高了 SMR，就会有一台机器自动奖励它们一些食物，最后这群猫学会了更快更稳定地将自己的脑电波稳定在对应的波长中，学会了“产生 SMR 波——得到小零食”这一“技能”，从而可以获得更多的食物，该研究结果 1970 年发表于著名的《科学》杂志。

几年之后，斯特曼博士为美国国家航空航天局（NASA）研究如何降低月球着陆器燃料的毒性。通过实验发现，当猫被置于这种有毒烟雾中时，随着毒性的增加，大脑的不稳定性呈线性增长，一开始的表现是嗜睡，然后是头痛，接着是幻觉、癫痫，最后是死亡。但是，有几只猫仿佛对这种毒烟免疫。斯特曼博士注意到，免疫的猫和

① Bessel A., Van der Kolk Bessel. *The Body Keeps the Score: Brain, Mind, and Body in the Healing of Trauma.* Penguin Books, 2015.

他几年前在SMR大脑训练实验中使用的猫是同一群猫，这似乎证明了SMR的神经反馈训练给了这些猫稳定的大脑，让它们免疫了脑部疾病。

1971年，斯特曼博士在人类身上训练SMR来证明神经反馈训练治愈癫痫的可能性。他的第一个实验对象是玛丽，她从小就患有癫痫，这是一种脑部慢性非传染性疾病，大脑神经元会突发性异常放电，导致短暂的大脑功能障碍。这种病会反复发作，在发作时，身体某一部位或整个身体会发生短暂非自主性的抽搐，发作严重时甚至会失去意识。这严重地影响了玛丽的正常生活。与斯特曼博士合作期间，她每周会接受两次有关神经反馈训练的治疗，每次治疗会持续一个小时。在接受三个月治疗后，玛丽的癫痫症状消失了。随后，斯特曼博士得到美国国立卫生研究院的研究基金。在进行更系统的研究后发现，60%的受试者癫痫发作水平降低了20%—100%，并且不会反弹。

在过去的几十年里，科学家们逐渐意识到，大脑各项结构和功能的发育过程，是以基因蓝图为基础，经由后天的各种经验刺激和学习，在遗传因素和环境因素的共同作用下，形成负责视觉、听觉、语言、记忆、推理、情绪、情感等各种功能的神经回路。过去的科学家通常会认为，在婴儿时期大脑发育的关键期之后，人类的大脑结构就不会发生变化了。但是，1992年，理查德·戴维森教授提出了神经可塑性，在脑科学界引起强烈反响。大脑处理信息的时候，需要许多神经元协同工作、协同放电，使神经元之间的生化连接得到加强，长出新的突触连接或者提高原有突触连接的工作效率(突触是两个神经细胞之间的连接部位)。2011年，斯坦福大学研究者沙菲尔（Schafer）和穆尔（Moore）在《科学》杂志发表研究，证明恒河猴可以通过听觉视觉结合的神经反馈训练，学会自主改变前额叶神经元的发放频率及局部脑电波。这样的研究从细胞层面证明了神经反馈训练可以针对性地改善特定的高级认知能力，为神经反馈训练在治疗多动症等注意力训练领域的应用提供了强大的科学证据。到了 20 世纪 90 年代，科学家们试图探索神经反馈训练对脑部疾病或者中枢神经系统疾病的治疗作用，神经反馈训练有了更多用途，包括注意力缺陷障碍（又称儿童多动症，ADHD）、创伤后应激障碍患者（PTSD）、抑郁症、中风后遗症、偏头痛等涉及脑神经的多种疾病，并取得了显著的成果。2013 年美国食品和药物管理局批准一款基于脑电波技术的注意力缺陷评估测试仪上市，将其正式用于多动症的辅助诊断，这成为脑电波技术继癫痫领域的应用之后又一个重大临床应用。

除了这些脑部疾病之外，神经反馈技术也是治疗自闭症的前沿技术。自闭症，也称孤独症，病因未知，很难痊愈。患有自闭症的这群“来自星星的孩子”自我封闭、视线飘忽、语言表达能力差、拒绝与人交流，仿佛对人漠不关心。目前的研究表明，自闭症患者的一个特点就是前额叶皮层神经元过量，内部相互连接过多而与其他脑区之间的连接较少，导致前额叶皮层与其他脑区间的相干性较低，而整体上脑区间的相干性也存在异常。前额叶已知的功能包括：记忆、判断、分析、思考、操作， 它对人的思维活动与行为表现起着十分重要的作用。前额叶的表层便是前额叶皮层，主要与人类的高级认知功能相关。所以当前额叶皮层神经元过量、内部连接增加时，其他脑区与前额叶皮层的连接必然减少，从而改变了各脑区之间的功能连接。除此之外，自闭症患者脑中的镜像神经元受损，而这部分神经元负责模仿他人，所以他们很难社交，不能换位思考。

由于人的神经具有可塑性，所以针对这样的脑部异常，基于QEEG（定量脑电图）的脑电信号研究及镜像神经元研究的神经反馈治疗对于自闭症有着一定的疗效。

经过20年的研究积累，神经反馈训练这一有效的疗法成为许多脑部疾病患者的选择，打破了从前悲观的治疗局面，消除了患者需要大量化学药物控制并且副作用大的困扰。

当代脑科学黑科技：高效用脑的强化法

今天，神经反馈训练不仅只是脑部疾病患者的非药物解决方案。随着当代脑科学、计算机技术和EEG技术的发展，神经反馈训练有了人们负担得起的精确工具，可以帮助更多人高效用脑，包括奥运会运动员、商业人士、音乐家、律师、学生等，帮助他们缓解压力，保持专注，激发自己的最佳表现。

在科学研究中，神经反馈训练的机制现在变得越来越清晰。神经科学界已经接受了中枢神经系统、自身免疫系统、情绪状态、生理和心理健康之间存在相互关系。目前已经证实，大脑确实可以在任何年龄发生变化，我们在一生中都会产生新的神经元，可以建立、保持或者废弃神经元之间的连接。通过正确的训练，可以激活并增强大脑的可塑性。大脑就像身体的肌肉一样，如果好好锻炼它，它就会表现得更好。但大脑又跟普通肌肉不一样，它是人类的中央处理器，一个高效的大脑可以在更短的时间内更准确地完成更多的任务。

除此之外，基于脑电波的注意力解码已被大量应用。美国宇航局率先在1995年运用脑电波测量提升宇航员的专注力，让宇航员更加高效地在狭小封闭的空间里保持专注。

艾伦·波普（Alan Pope）自1980年就开始在美国宇航局的兰利

研究中心（Langley Research Center，NASA）工作，他说："30 年前，飞行员们担忧的是繁重的工作和过大的压力，但现在有了自动化系统，我们有了新的担忧。"[①] 随着自动飞行控制系统在驾驶舱中占据主导，飞行员不必像早期那样分分秒秒都要进行操作，但飞行员可能会感到无聊、自满、心不在焉，而这种情况和不知所措一样危险，有时会犯下致命的错误。

到 20 世纪 90 年代中期，美国宇航局和联邦航空管理局的研究人员都在研究客观识别和测量飞行员的认知状态的方法。波普说："我们致力于发现表明注意力不足的生理信号。"他领导的一个团队找到一种方法，使用脑电图技术，通过检测脑电波来量化受试者的专注程度。1995 年波普作为第一作者发表了一篇论文，公布了他们研究出的一个解码注意力的"指数"，在脑科学界有很大的影响，至今已被引用 506 次。如何得到这个注意力指数（engagement index）呢？首先要测量高频的 β 波，然后除以低频的 α 波和 θ 波（它们代表一个人的放松状态），这个比率就是这个人实时的专注程度。

随着研究的进展，波普发现，那些受试者在得知自己实时的专注指数后，可以学会控制自己的专注程度。这种训练就是所谓的神经反馈训练。研究人员让一组受试者在完成一项任务时观看他们自己的专注指数，这个分数范围在 1—6 分，并告诉他们尽量保持在 3 分或 4 分。而另一个小组作为对照组，没有得到自己专注指数的反馈，或者得到的是一个错误反馈。首轮测试之后，所有参与者都被要求再次执行任务。接受过神经反馈训练的那组受试者的表现明显好于其他受

① "Brainwaves Reveal Student Engagement, Operate Household Objects." NASA, NASA Technology, spinoff.nasa.gov/Spinoff2019/cg_6.html.

试者，同时更接近于他们定的标准专注度。除了专注之外，他们还认为自己的工作量明显低于其他组。他们已经学会调节我们通常无法控制的大脑中的神经反应。这篇论文的结论是，这种神经反馈训练可以帮助飞行员管理和保持他们的注意力。

除了要控制各种精密的仪器的飞行员需要专注力之外，各行各业的人都需要高效用脑，而 EEG 配合神经反馈训练就能帮到他们。对于律师、商业领袖和金融界人士来说，更高的效率意味着更高的准确率，精力就不会浪费在反复猜测和过度分析上，避免错误也能够省下更多的时间，在情绪状态和压力水平上也更加稳定。职业运动员和音乐家利用神经反馈训练来锻炼一种“忘我”的能力，能够快速进入状态，从而能够在体育竞赛的赛点，或者演奏会的关键时刻排除外界的干扰，提高大脑的处理效率，把所有精力集中在手头的任务上。

神经反馈训练对于孩子来说也作用很大。我们小时候养成的学习习惯会影响我们的一生。有的孩子可能很难集中注意力，无法静下心来学习，总是做小动作；有的孩子保持专注的时间很短，课上到一半就开小差，或者作业写到一半就玩别的了。没有好的学习习惯，学生难以长时间地高效学习。利用神经反馈训练，学生就会像美国宇航局的飞行员一样，掌握集中注意力的技巧，保持头脑清晰，更好地记忆要点、掌握知识。并且因为神经的可塑性，通过巩固训练，学生的专注能力可以固化并迁移到其他任务中，帮助解决以注意力问题为核心的其他学习习惯的问题。

探索大脑是一个令人兴奋的旅程。新的科技的出现一定会给传统认知带来冲击，但科学家们通过一次次的实验、探究、假设和证实，揭秘了更多关于大脑的奥秘。让我们站在巨人的肩膀上，使用最前

> **不管我们取得了怎样的成绩，我们都应该清醒地估计敌人的力量，提高警惕，决不容许在自己的队伍中有骄傲自大、安然自得和疏忽大意的情绪。**
>
> ——斯大林

沿的技术，结合最权威的知识和经验，一起继续探索如何高效用脑，激发无限可能。

Chapter Three

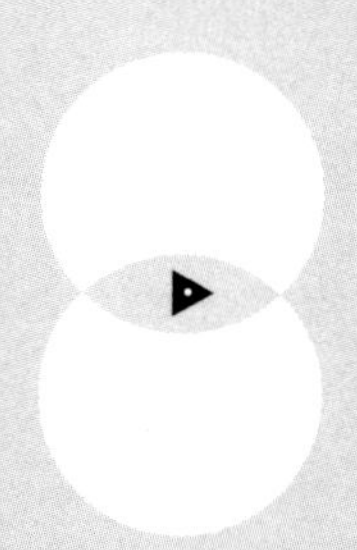

21 天，让习惯成为一种信仰。

第三章

只需 21 天，夺回人生的主导权

导语　专注需要刻意重复的练习

令自己日臻完善的过程就是将一件简单的事情重复做，重复的事情用心做、持续做的过程。因此专注力的训练并不是用几天时间读完这本书，也不是仅仅凭借 Me^5 模型把一件事情按部就班地做好，而是要上升到理论与实践相结合的高度，将自己学习、生活的方方面面与专注力紧密相连，以每一天的付出，换得每一天的收获，再换得第二天的进步！

一、知行合一的"21 天专注力养成记"

专注力的原理与肌肉一样，使用不当，就会退化；使用得当，就会增强。如何将所学到的 Me^5 模型落实到实际学习中？在 21 天的时间里，以方法论为基础，对应地进行系统化训练，就是达到知行合一境界的最佳方法。只要循序渐进，就能够学有所成，实现成长与蜕变！

（一）21 天，真的会发生奇迹吗

有关目的：每一个你羡慕的收获，都是用时间换来的

孔子说："少成若天性，习惯如自然。"人类是习惯的动物，研究发现，人类有 95%的行为是通过习惯作出的。想要改变专注力不足，特别是注意力涣散的坏习惯，并不是下定决心、改善认知就能实现的，任何人都无法将这些经年累月产生的问题，像扔垃圾一样一

下子抛出门外，一劳永逸地解决掉。我们需要做的，是像下楼梯那样，一步一个台阶，尊重时间的客观性，循序渐进地改掉坏习惯，养成好习惯。

循序渐进地培养专注力的最有效的方法之一，就是利用 21 天习惯效应。这个理论的基础来源于一位整形医学专家马尔茨博士。通过大量临床研究，他发现，在手术后的 21 天中，截肢患者通常难以适应身体的部分已经失去，会无意识地要去使用“幻肢”；但在 21 天之后，他们便能习惯截肢后的状态，能够清晰地认识到现实的变化，并且习惯肢体残缺后的生活。大量现实事例多方面验证了马尔茨博士的发现——绝大多数人的动作或想法，如果重复 21 天，就会变成习惯性的动作或想法。也就是说，我们可以用 21 天的时间打破或养成一种习惯。

因此，我们在 21 天习惯效应的基础上，加之专注力习惯培养计划，目标明确地帮助孩子改善专注力。在接下来的 21 天里，孩子只需要每天拿出 25 ＋ 5 分钟的番茄学习时间（学习 25 分钟，再用 5 分钟进行放松总结），在不受外界干扰的环境下营造专注的气氛和情绪，再结合前面提到的各种学习法加以实际操作，保证心之所想、行之所至，便可以快乐、高效地实现专注力的明显提升。

开始 21 天专注力养成训练前的思想准备。

首先，要让孩子清楚地了解到专注力带来的好处，因为感性的热情远远比理性的强迫更能激发主观能动性。

其次，从坏习惯过渡到好习惯的过程并非严苛残酷的心理斗争，要引导孩子把这次训练当作一个试验、一次尝试，不要给自己压力，也不必刻意追求完美，更不要过度乐观地期望一步到位，这有助于他们正确对待结果，理智面对失败。

再次，注意远离那些可能再次触发坏习惯的危险区。同时，家长也应该以身作则，树立良好的榜样，加以配合。

有关细则：无规矩不成方圆

一个好习惯的主动养成会受到内因和外因的影响。内因是主观意识上改变的动力和信念，外因是借助于外力完成改变的压力和鼓励。在开始 21 天打卡训练营之前，希望你能静下心来问自己两个问题：一是我为什么要参加 21 天训练？二是 21 天训练之后我希望有哪些改变？

当然，在打卡的过程中我们会不可避免地遇到一些困难和挑战。为了更好地进行 21 天专注力养成训练，你可以扫描下方的图片二维码，关注微信公众号"霸霸来了"，在这里，你可以找到与你志同道合、想提高专注力的小伙伴们，也可以借用公众号提供的工具帮自己坚持打卡训练，让专注力提升能事半功倍。

"霸霸来了"公众号

有关结构：循序渐进，方可焕然一新

研究发现，任何一种能力的学习过程都会包括以下四个阶段，专注力的养成也不例外。

第一个阶段：不知道不足（Unconscious Incompetence，简称 UI）

在这个阶段，学习者意识不到自己缺乏或者没有掌握这个技能，也可能会否认这项技能的用处。必须认识到自己的不足及新技能的价值，才能促使学习者进入到下一个阶段。一个人在 UI 阶段花费时间的长短取决于学习对其的刺激强度，刺激越强，就越快能进入到第二阶段。这一阶段可以定义为原始状态，特征是“不刻意，不自然，不专注”，孩子还停留在之前的懒散状态，或者找不到正确方法的迷茫状态，甚至无法深刻认识到专注力对学习的重要性。

第二个阶段：自觉不足（Conscious Incomplete，简称 CI）

这个阶段的定义为，虽然学习者不了解或不知道如何做某件事情，但他们意识到了自身的不足，以及新技能在解决不足上的价值。在这个阶段，犯错是学习过程中不可避免的一部分。这一阶段属于初探专注，特征是“刻意、不自然、稍专注”，在发现自身的缺点和不足之后，孩子开始确定目标——“我要成为专注力强的人”，并且相信自我预言——“我可以成为专注力强的人”。不过，在这个阶段，稍不留意，坏情绪、坏毛病就会浮出水面，所以很多时候都需要刻意做出专注行为或是在他人的督促下才会专注。也就是说，此时的专注只是一种偶然性的行为与状态，并未定型为一种常规性的习惯。

第三个阶段：自觉有能力（Conscious Competence，简称 CC）

CC 是指学习者了解或知道如何做某件事情，但在运用技能的过程中需要有意识地集中注意力。这一阶段也可以理解为渐入佳境，特征是“刻意、自然、专注”，经过系统训练后，处在这个阶段的孩子会拥有很多不同的体验，它们新鲜有趣而且充满正能量，通常能够转化为让孩子继续坚持下去的源源不断的动力。此时表现出的专注状态也多半是源于自愿、主动，并且孩子会乐在其中。

第四个阶段：不自觉有能力（Unconscious Competence，简称 UC）

UC 是指学习者已经完全掌握此能力，非常熟练、轻松以至于不

在一个崇高的目的的支持下，不停地工作。即使慢，也一定会获得成功。

——爱因斯坦

需要花费太多的精力，或者意识不到自己在运用这个能力，因此，可以在执行另一项任务时运用这项技能。根据学习的方式和时间，学习者也可以将这项技能教授给他人。这一阶段属于知行合一，特征是“不刻意、自然、专注”，在这个最终阶段，孩子把好习惯转化成平常心，专注的学习状态已经成为每日的常态。

在这21天中，孩子也许会经历充满信心的开始、让人精疲力竭的坚持期、难熬的过渡期，但有志者事竟成，所以家长们千万不要揠苗助长，操之过急，请务必耐心地陪伴孩子成长，见证孩子的蜕变。

（二）开启21天模式：只要每天都走在路上，就没有到不了的远方

活动计划

第一天：建立成长型思维

建立成长型思维是一切的基础。成长型思维模式是指相信自己的能力可以不断成长的思维方式。教育孩子要坚持下去，解决难题，要靠自己的努力才能有所成长和进步。选择接受21天训练的你可以通过自我暗示的方式鼓励自己。比如，对着镜子告诉自己一定能行，通过自身的努力是完全可以提高专注力的，逐渐树立自信心，构筑成长型思维。

第二天：自我认知

自我认知可以说是一切计划开始的前提。个体对自己的认识包

括行为和心理状态的认知，如果不能够系统地认识自己就不能采取准确的计划。

你可以通过萨提亚冰山模型解析，了解自我性格养成所需要的多个层次，掌握“透过现象看到性格本质的方法”，从而更加了解自己。

同时，你也可以通过 MBTI 职业性格测试[①]、贝尔宾团队角色测试两项练习，勾画出自己在学习中、未来规划中、团队协作中的能力和特点，以获得五个维度上的成长型思维转变。

第三天：见贤思齐

除了自己独立思考外，你还需要向他人借鉴好的学习经验和方法。见到学习能力和其他各方面能力都比自己优异的人时，要努力向别人看齐。请观察你身边的小伙伴，哪位同学的品质或者习惯最令你钦佩，是你最想学习的呢？请记录下来并说明原因。

同学的姓名	观察到的品质

第四天：明确动机

只有明确自己想要什么，对自己的未来有所规划，才能迈向成功。具体的人生规划应分为短期计划、中期计划及长期计划。在训练中，你可以学习使用一些方法确定目标，也可以思考人生最重要的目标是什么，并将它分解成短期目标、中期目标或长期目标。同时，通过运用

① MBTI 测试网站：https://www.apesk.com/mbti/dati_en2.asp

SMART原则，在明确性、可衡量性、可实现性、相关性、限时性和视觉可视化几个方面，将目标具体化。

人生规划	具体内容
短期计划	
中期计划	
长期计划	

第五天：认识情绪

想要成为一个优秀的情绪管理者，第一步需要做的就是认识自己的情绪。

情绪轮盘由著名的心理学家罗伯特·普洛特契克提出，他将情绪分为基本情绪和反馈情绪。情绪轮盘只是一个简单的情绪模型，可以通过丰富模型来展现更多、更复杂的情绪关系。这个模型可以帮助你更好地理解各种情绪间错综复杂的关系，并积极控制自己的情绪。

通过情绪轮盘学习人都有哪些情绪，并模仿这些情绪，回忆自己在每种情绪时的状态。制作自己的情绪轮盘，给自己每日的情绪打分。

第六天：正念意识

正念意识对认识情绪以及调节情绪起着很重要的作用。基本上来说正念有三大要素：有意识地觉察、专注于当下和不主观评判。

如果人整天都被负面的念头缠绕着，就会徒增许多不必要的烦恼。正念就是让我们有意识地放下这些念头，活在当下，同时不要做判断，判断会让人产生新的念头，这很容易破坏活在当下的状态。

你可以在这一天里选一件自己最想做、最享受的事，比如为自己做一顿早餐，在正念状态中吃完早餐，或者给自己泡壶茶，坐下来，在正念中慢慢品茶等。

一天内想做的事	是否达到正念意识

第七天：情感平衡

当认识了自我的情绪和他人的情绪后，就要学会如何调节自己的情绪，做到负面情绪和正面情绪的平衡。学会控制情绪不是让你消灭一切负面情绪，而是适当地抒发自己的情绪，变成一个高情商受欢迎的人。专注力不高不用担心，要告诉自己改善现状是一定能够实现的，成为高效学习和生活的人也是能够实现的。

例如，你指责他："每次见面都迟到，你为什么都不考虑我的感受？"当你指责对方时，也会引起他的负面情绪，他会变成一只刺猬，忙着防御外来的攻击，没有办法站在你的立场为你着想，他的反应可能是："路上塞车嘛！有什么办法，你以为我不想准时吗？"如此一来，两人开始吵架，就别提什么愉快的会面了。你可以在每次产生负面情绪时，首先有意识地控制自己的情绪，然后选择适当的方式表达自己的感受。如何"适当表达"情绪，是一门艺术，需要用心地体会、揣摩，更重要的是，要应用于生活。

遇到的事情	原本的表达方式	改善后的表达方式

第八天：仪式氛围

世界上没有人不希望自己的生活变得更好更丰富。很多时候，生活中的亮点都是自己创造出来的，比如，为父母即将到来的生日亲手准备一份小礼物，和同学分享今天学到的有趣的学科知识，等等。仪式感是学习的重要前奏。你可以选择安静的地方，酝酿一下学习情绪，寻找自己最舒服的学习环境和方式，激发自己的学习动力，保持积极正面的情绪。

学习地点	有仪式感的体现

第九天：统筹规划

在开始任何一个任务或者计划之前，都应该有一个详细清晰的规划，而不是没头没脑漫无目的地开始。详细的计划应该考虑到以下因素：有多少件事要做、什么时间完成、要达到什么样的效果……这些因素都应该记录在电脑或笔记本中，每完成一件事，就划掉一项。有计划地做事，才能把事情做好、做成，才能一步步稳扎稳打地实现目标。学习利用艾森豪威尔的十字时间计划，在一张纸上画一个十字，将自己的待办事项分为重要紧急的、重要不紧急的、紧急不重要的、不重要不紧急的，然后把它们分别放入十字区的四个区域内，先做重要紧急的那一区域中的事，这样一来，工作和生活效率会大大提高。

第十天：番茄计划

番茄学习法是让学习者将每次的学习任务分为若干段 25 分钟任务，学习 25 分钟后就可以休息 5 分钟。在这个过程中不能随意中断，注意保持专注力和自制力。

你可以在今天的学习中使用番茄学习法，选择一个待完成的任务，将番茄时间设为 25 分钟，专注学习，中途不允许做任何与该任务无关的事，直到番茄时钟响起，然后在纸上画一个 X，短暂休息一下（5 分钟就行），每 4 个番茄时段结束后多休息一会儿。实时报告可以很好地检验自己有没有在该专注的时候专注，该放松的时候放松。番茄学习法极大地提高了学习的效率，还会获得意想不到的成就感。

第十一天：二八法则

二八法则不仅在经济学、管理学领域应用广泛，它对我们的自身发展也有重要的现实意义：要学会避免将时间和精力浪费在琐事上，抓主要矛盾。学习者在做统筹规划时，就应该学会分清主次，首先专注于最重要的事，一件件做好，再用剩下的精力做别的事情。每个人都有很多想做的事情，但是要主次分明。

今天你需要学着制订一天的计划，把要做的事列出来，然后将最重要的两三件事标出来，专注地投入最多的精力去做这几件事，其他一些不重要的小事最后再完成。

20% 内容	80% 内容

第十二天：切换自如

任何一件事，如果一直不间断地做，总有厌烦的时候，这时不如换一种思维，做一些别的事情，提高效率。长时间强迫自己专注在同一件事上只会让专注力越来越低，负面情绪越来越大。在这种情况出现时，你应学会转移“战场”。

今天的小任务是学习分时间段规划自己的学习任务，穿插学习各门功课，而不是不间断地学习一门学科。试着按照以下表格的时间段安排自己的学习，每个时间段只专注于某一学科，最后记得总结一天的学习，反思自己的不足。

时间段	一天安排
9:00—11:00 学习内容	
11:00—13:00 休息	
13:00—15:00 学习内容	
15:00—16:00 休息	
16:00—18:00 学习内容	
一天学习总结	

第十三天：膳食管理

饮食和精力的关系非常密切，正如前面提到过的“You are what you eat”，意思是“你吃什么，你就是什么”。这不单单是指你的体形，还包括你的状态。午餐吃高碳水化合物的食物或吃得太饱，下午人就会觉得疲惫。因此，要想下午不犯困，做到高效学习，一定要注意白天的饮食，维持血糖的稳定。

要想精力充沛，你可以这样调节自己的饮食规律：第一，少食多餐，变三顿为五顿；第二，吃低糖高营养的食物，尤其是绿叶蔬菜；

第三，多喝水，保证身体的水分供给。长期合理饮食，可以提高自己的体能，改善自己的精力。

一日五餐	食谱
第一顿	
第二顿	
第三顿	
第四顿	
第五顿	

第十四天：睡个好觉

对于绝大多数人来说，想成为天才、成为专家就要睡足觉。这是保持精力充沛的秘诀。从生理学来看，睡觉其实是人的身体主动修复的过程。人体产生的一些代谢废物会在夜晚被大量地清除掉，免疫系统会得到增强，大脑和肌肉会进行生理性的修复，甚至记忆力也会得到增强。

每人每天应保证 7 至 9 个小时的睡眠时间，并合理地使用认知行为疗法保证睡眠质量：第一，建立上床和睡觉之间的条件反射。除了睡觉，其他活动不要在床上进行，要训练自己上床就是为了睡觉的习惯。同时要设定闹钟，在每天早上的同一时间叫醒自己，包括周末，醒了以后也不要赖床。第二，增加户外活动。要重视白天的活动，增加白天的户外运动和体力活动，同时控制白天的焦虑感。第三，睡前做准备。让屋子保持黑暗的状态；降低你的核心体温；如果觉得太安静睡不着，可以下载白噪音作为背景音。第四，注意酒精和打鼾。酒精会扰乱人的深度睡眠和快速动眼睡眠；严重的打鼾常伴有睡眠呼吸暂停综合征，长期下去会影响人的记忆力，需要引起重视。

今日睡眠时间	睡眠质量测评 （1—10 分，10 分代表最高质量）

第十五天：体能锻炼

学习虽然是孩子的重要任务，但绝不是生活的全部。我们虽然希望孩子多花时间学习，但是，劳逸结合对孩子更重要。劳逸结合不仅是孩子生理发育和心理发展规律的客观要求，而且有利于孩子提高学习效率，稳定情绪，增强记忆力。所以，“休息”对任何一个学习中的孩子而言，都是非常必要的。孩子只有休息好了，才有足够充沛的精力读书学习。构建良好的体能，需要从四个方面着手：健康状况、饮食调理、运动习惯和睡眠质量。

学习和运动从来就不分家，哪怕就是在家做做有氧运动，也能让你从疲乏的学习状态中恢复精力。

今天，请你在一天的学习之后安排一项运动，比如外出散步，听音乐小跑，或者去健身房锻炼，学会劳逸结合。（时间充裕且爱好锻炼的读者可以每天坚持锻炼打卡，从第一天至第二十一天，坚持时间越长越好。）

今日运动项目	今日运动时间

第十六天：静心冥想

冥想就是通过让身体进入舒适的状态，让你的感官暂时放空，从而让你的意识（即大脑新皮质层的活动）暂时休息一下，让你的潜意识（即大脑旧皮质层的活动）和无意识动物本能（不受我们意识控制的自律神经的活动）冒出来。冥想其实很简单，你有目的地做对自己有益的任何事情，都可以称之为冥想。比如，音乐冥想，如果你听音乐是为了让自己得到休息和放松，那就是冥想；运动冥想，当你为了清空自己的大脑去运动，那也是冥想。

今天，你可以在一段长时间学习之后或者课余时间进行一段静心冥想，让自己快速从浮躁的状态中静下来，并且清空负面情绪，重新掌控节奏。做冥想时，你可以播放舒缓的音乐，跟随音乐放空杂念，享受自我独处的世界。

今日冥想时间	

第十七天：逃离干扰

大家都知道，当你打算认真学习和工作的时候，应当选择一个安静的环境。在嘈杂的环境中，着实难以静下心来专注自己眼前的事。因此，自己要主动选择，避开诱惑，逃离干扰，为自己创造一个适合学习的环境。学习时，保持专注，在潜意识里拒绝外界诱惑，告诉自己等学习完后再去娱乐。

学习地点	学习时间

第十八天：改变环境

在一些特殊的时候，你无法逃离喧嚣的环境，却又要专心做事，那么就要尝试适应目前的环境，锻炼自己的抗干扰能力。你可以尝试戴耳塞或耳机，以减少周围的噪声；同时，你可以整理杂乱的房间，使自己能有条理地学习、生活。

今日的小任务是整理自己的房间。把桌上的书本按学科排序，文具分门别类；把床上的被单叠整齐；把衣物叠好放进衣柜，外套挂在衣橱里；清扫地面，把垃圾倒干净，给自己创造一个舒适的环境，以便能更专注地学习。

整理书桌及房间后 拍照上传，完成打卡	照片

第十九天：一心一意

多任务处理对于我们来说是一个难题，它会分散你的注意力和专注度。三心二意的话，即使是最简单的任务也变得相当困难，需要花费更长的时间来完成。当你在同时处理多项任务时，实际上你是在不同的任务之间切换，意思就是，你的注意力会在两件或两件以上的工作之间不断切换，直到耗尽你工作所需的能量。这就是为什么尽管你很少或压根没有进行任何体育活动，但一天结束回到家后，你仍会感到疲惫不堪、没心情去做其他任何事情的原因。

今天的小任务是在 Oxford Learning 网站[①] 上学习成功的 12 个秘诀；在一段时间内只专注于一件事，停止多任务操作，做到有效率地学习。通过一心一意的学习，你可以提升做每一件事时的专注力。

序号	学习内容	学习时段
1		
2		
3		
4		
5		

① https://www.oxfordlearning.com/how-to-study-effectively/

第二十天：扪心自问（日记 / 周记）

每一个人都有或多或少的秘密，这些秘密只有自己知道，不愿与他人分享。为了解开心结，更好地规划自己的生活，不妨通过日记的形式敞开心扉与自己对话。

今天，请设置几个值得深入思考的问题，这几个问题可以作为以后的模板使用，每天自省一遍，相信对你自身的成长会有一定的帮助。

日期：
天气：
心情：
正文：

第二十一天：心脑合一

今天是 21 天的最后一天，在这最后一天，你需要写一份自我总结，

人生最大的光荣，不在于从不失败，而在于能屡仆屡起。

——哥尔德斯密斯

总结需要包含整个 21 天的学习状态和成绩的趋势。

（三）总结：成长与蜕变的记忆

你得到的 21 天，你失去的 21 天

孔子说：“学而不思则罔，思而不学则殆。”前半句的意思是，一味闷头读书，而不主动思考“为什么要学习、应该如何学习、学习中的得失”等问题，就无法深刻理解书本的意义，在将书本知识应用到实践中时就会陷入迷茫。

“反思”是心理学上较高层次的批判性思维活动，不仅仅是对过往事件的“回忆”或“回顾”，还要找到其中的“问题”与“答案”。产生超越已有信息以外的信息，是一个对自身体验进行理解、描述和总结的过程。美国实用主义教育家约翰·杜威认为：“反思是以信念和假设性知识为依据，结合进一步的结论，进行的主动、连续、周密的思考。它是解决问题的一种特殊形式。”

所以，在 21 天专注力养成训练中，“反思”也是非常重要的一部分，尤其是思考得与失的问题。比如，每天的改善程度如何？在认知和行为上有什么明显的变化？哪些坏习惯正在逐渐消失？遇到了哪些内外部的阻碍？是怎样克服和解决的？经过训练后，在五个专注力维度上，哪些进步明显，哪些稍显不足？

就这样，一边加以训练，一边辅之反思，将“学”与“思”紧密结合起来，帮助孩子认清经验与教训，明确哪些优点可以发扬，哪些缺陷需要注意，避免在同一问题上再犯同样的错误，形成“疑—思—学—疑”的良性循环，最终实现自我发展与提高。

【当天评价】

这是一张需要家长和学生一起来完成的表格。

可以将其视作一本训练日记的浓缩版。

■ 请学生将自己当天训练后的收获、感想、疑惑等，用精练的语言加以描述，并认真填写。可以在当天睡前完成这项内容。

■ 请家长将自己看到、感受到的孩子在当天训练前后的变化（包括令人欣喜的改善，也包括不尽如人意的不足）如实、客观地记录下来（尽量不要被孩子的自我评价影响）。可在当天睡前、孩子填写后，完成这项内容。

21 天专注力养成训练成果评价表				
时间	打卡天数	完成内容	自我评价	家长评价
月　日	第一天	建立 成长型思维		
月　日	第二天	自我认知		
月　日	第三天	见贤思齐		
月　日	第四天	明确动机		
月　日	第五天	认识情绪		
月　日	第六天	正念意识		
月　日	第七天	情感平衡		
月　日	第八天	仪式氛围		
月　日	第九天	统筹规划		

21 天专注力养成训练成果评价表				
时间	打卡天数	完成内容	自我评价	家长评价
月　　日	第十天	番茄计划		
月　　日	第十一天	二八法则		
月　　日	第十二天	切换自如		
月　　日	第十三天	膳食管理		
月　　日	第十四天	睡个好觉		
月　　日	第十五天	体能锻炼		
月　　日	第十六天	静心冥想		
月　　日	第十七天	逃离干扰		
月　　日	第十八天	改变环境		
月　　日	第十九天	一心一意		
月　　日	第二十天	扪心自问		
月　　日	第二十一天	心脑合一		

【总结评价】

现在，孩子已经完成了21天专注力养成训练，综合表格中的评价，请回答以下问题：

问题1：21天专注力养成训练，有没有起到促进作用？

孩子的看法：

家长的看法：

问题2：如果有用，是否有信心继续使用表格，帮助自己养成良好的习惯？如果没有用，是什么原因导致孩子无法坚持？

孩子的看法：

家长的看法：

问题3：在这21天中，孩子及家长各有什么心得、经验想要分享给其他人？有哪些错误的想法、做法想要告诫其他人？

孩子的看法：

家长的看法：

21天过后，一些想对过去的自己说的话

“蜕变”是给予自己的最好的成长礼物。现在，你已经慢慢地摘掉了“注意力涣散”的标签，变得更加专注、更加高效，当你回顾以往时，会惊喜地发现，“原来，过去的我是这样的啊，为什么会有现在这样的蜕变呢”，这种“今天的我比昨天的我更优秀”的发现，会让自己在未来的道路上有更多的信心和勇气不断地重塑自己。

有时候，作为“过来人”的自己甚至可以带着强烈的优越感去“教育”一下过去的自己。比如，告诉自己如何在正确的事情上保持专注，

教自己如何抵抗会分散注意力的诱惑，鼓励自己积极乐观地将 21 天专注力养成训练坚持到底。

在与自己对话的过程中，自己的心情和状态会变得平静、放松，会发现很多以往不易察觉的问题，从而完成对自己的一次次认同和升级，引领自己更好地前行，并由此形成一个双向良性循环。

还有下一个 21 天，让坚持成为一种信仰

古希腊著名哲学家苏格拉底在开学的第一天对他的学生们说："今天，我们只学一件最简单、最容易的事情。大家把自己的胳膊尽量地往前甩，然后再尽量地往后甩。从今天开始，每天做 300 下这个动作。你们可以做到吗？"苏格拉底一边说一边示范给大家看。学生们都不以为意，这也太简单了，简直是举手之劳。

一个月后，苏格拉底问学生们："请告诉我，最简单的每天甩手 300 下那件事，哪些同学坚持做了一个月？"90% 的同学骄傲地举起了手。又过了一个月，苏格拉底再次问起这件事，能够坚持下来的学生只剩下 80%。一年后，苏格拉底再次询问，结果整个教室里只有一个人举了手，他就是柏拉图。

俗话说得好，"靡不有初，鲜克有终"，依靠 3 分钟的热情开始做一件事，人人都能做到，然而依靠毅力和耐心将其有始有终地完成的，终究只是少数人。比如，早起的好习惯，就是在满足了多种条件和遵守了多种规则的情况下形成的，是长期坚持的结果。

同理，养成专注的好习惯，不可能一蹴而就，而是长期坚持的结果。

父母千万不要因为经过这 21 天的努力之后，看到孩子改掉了注意力涣散的毛病，学习成绩直线上升，就判定他一定能在日后成为拥有较强专注力的人。更不要因为经过这 21 天的努力之后，孩子的专

不积跬步，无以至千里；不积小流，无以成江海。
——荀子

注力并没有明显改善，学习成绩依然没有提高，便断定这个方法并不奏效或是孩子已经无药可救。

无论结果如何，不要骄傲，更不要气馁。要知道，“冰冻三尺，非一日之寒”，形成习惯需要 21 天以上的重复，形成稳定的习惯则需要更长时间的坚持。有时候，孩子需要花费更大的力气对抗一些根深蒂固的坏习惯，对抗的方法很简单，那就是将 21 天专注力养成训练重做一次。捷克首位民选总统哈维尔曾经说：“我们坚持一件事情，并不是因为这样做了，马上会有效果，而是坚信，这样做是对的。”只有持之以恒地反复训练，经过日积月累，才能让好习惯变成条件反射般的自然反应，专注力才能任孩子随意驱使。

请记住东野圭吾在《解忧杂货店》中的一句话：“放弃不难，但坚持一定很酷。”

二、完善自己是一场永无止境的马拉松

在精心学习了 Me^5 模型、进行了 21 天专注力养成活动之后，专注力的提升训练并未结束。想要更好地将专注融入认知状态、学习习惯中，我们必须再接再厉。一方面立足大视角，向富有经验的人士取经；一方面借助小细节，找到增强专注力的捷径。

（一）取人之长：想要发光的行星，必须离恒星更近一些

乔布斯：像激光一样聚焦

假如有这么一个人，他十年如一日地穿着样式大同小异的黑色 T 恤，你是否会觉得这是一个审美过时、缺乏创意的人？但是我告诉你，这个人是创造出充满创意的苹果手机、苹果电脑的乔布斯，你是不是感到难以置信？在产品发布会、产品海报、视频广告、书籍封面上，乔布斯的经典形象就是黑色高领 T 恤，这着实令人印象深刻。他究竟有多少件这样的黑色 T 恤？答案是 100 件。

为什么如此有创意思维的人的着装品位却如此简单乏味？因为乔布斯很早之前就明白了一个道理：想要看到别人看不到的东西，必须聚焦认知能量，聚焦的同时必须放弃其他。这就是乔布斯的专注——尽可能地将认知能量聚焦在产品上，而不是分心浪费在与工作关联不大的着装选择上。

不仅在着装上的取舍有道，乔布斯在处理新产品时也是如此，一次只处理数量有限的重要产品，并且对于重要产品的小细节给予格外关注，每一个线条、每一个按键都考虑到它们存在的必要性，如果不是必须存在的，就一定会毫不留情地从设计方案里剔除出去。乔布斯的御用设计师 Jony Ive 对此记忆深刻：“乔布斯总是对我提出这样的要求，‘这个东西能减掉吗？还能再简洁一点吗？’设计方案为此修改了无数版本，也无数次令我感到抓狂。”但正是这种专注保证了产品的品质和用户体验的最佳性，也带来了创新型产品——触屏手机，它的出现让“手机去按键革命”获得了巨大成功，凭借这个杀手锏，界面非常简单、功能却非常丰富的苹果手机急速赶超诺基亚，成为至今热销不衰、粉丝疯狂拥戴的伟大产品。

我们可以看到，乔布斯拥有一种极简主义的审美观，他在决定做一件事情之后，必定全情投入、全力以赴，在达到目的的过程中会毫不犹豫地过滤掉任何会分散精力或不必要做的事。他的专注是一种来自内心渴望的习惯行为，不是“周一我需要更加专注”的心血来潮，而是在每一分钟都保持专注。

正如乔布斯的妻子对他的评价：“乔布斯就像是聚焦的激光一样，能将他关注的东西烤化，而无法吸引他关注的东西，就会像被吸入黑洞似的消失不见。”假如将普通人的专注力比喻成手电筒中的一束光，普通人的光不仅强度很弱，而且光线也很分散，想要照清几米外的东西，基本不太可能；对比之下，乔布斯的专注力就如同一束激光，亮度强、刺眼，光线集中、笔直，照射距离远。

因此，乔布斯脱颖而出，成为名垂青史的人物。乔布斯曾表达过以下观点：“专注和简单一直是我的秘诀之一。只有简单，才能做到专注。只有专注，才能做到极致。简单可能比复杂更难以做到，你必须努力厘清思路，使其变得简单。尽管有难度，但最终结果会证明付出是值得的，专注可以创造奇迹。”

我们不妨以这样的角度理解“专注”与“简单”的联系。倾向于“复杂”的专注力就像是无数个手电筒，虽然能照亮眼前的事物，但却无法触及远处的事物，也无法对任何事物做出实质性的改变。而倾向于“简单”的专注力则像是一束激光，只需一束，就可以产生无数个手电筒集合起来都不及的令人惊叹的力量，它能照射到更远的地方，甚至能穿透一块钢板、切割一块钻石。这就是心无旁骛地专注于简单的力量。

比尔·盖茨：不要和世上任何人去比较

众所周知，比尔·盖茨是世界著名企业家、软件工程师、慈善家，微软公司创始人、董事长、CEO和首席软件设计师，微软在他的带领下成了耳熟能详的商业品牌。他也是第一个靠观念、智能和思维致富的人，是白手起家创造巨大财富的典范，是有史以来最年轻的世界第一富翁。

比尔·盖茨身上散发出的光芒数不胜数，他的成长经历、创业秘诀也是人们热议的重要内容。或许很多人都认为，时势造英雄，比尔·盖茨之所以能够获得如此巨大的成就，一是因为出身好、运气好，二是因为正赶上科技飞速变革的时代。实际上，先天因素与客观环境只是促成成功的一个方面，在其中发挥更大作用的是比尔·盖茨的个人品格与后天努力。他不仅对自我定位、自我发展有着清晰认知，还有异于常人的商业视角和科技头脑，并且敢于尝试，更有在自己喜欢的事情上投入高效专注力的自控能力。

在幼年时，比尔·盖茨就对《世界图书百科全书》这种大部头书籍产生了浓厚的兴趣，持续性注意力与观察性注意力较强的他经常能够连续几个小时阅读这本书，并且从头到尾一字不漏地把里面的知识看在眼里、记在心里。这是很多同龄人都做不到的事情。

其实，比尔·盖茨在保持高效专注力上有一个秘诀，那就是做好情绪管理，为专注力保驾护航。

挪威大剧作家易卜生有句名言：“人的第一天职是什么？答案很简单：做自己。”说起来简单，但是做起来难。人是社会性动物，我们的自我认知与自我定位都会受到外界与自身的双重影响。哈佛大学心理学教授威廉·詹姆斯曾经说过：“人性最深刻的原则就是希望别人对自己加以赏识。”这也符合马洛斯的需求层次理论，他将人类需求从低到高分为五种：生理需求、安全需求、社交需求、尊重需求和自我实现需求。“希望别人对自己加以赏识”属于“尊重需求”

的范畴。

从小到大，在比尔·盖茨生活的环境里，比他更优秀、更出众的人数不胜数，竞争压力不言而喻，他是如何以平常心看待、管理好情绪的呢？他说过："不要拿自己与世界上的任何人相比较。如果你把自己和别人比较，那是对自己的侮辱。"因为比尔·盖茨早就明白，比"希望别人对自己加以赏识"更高的需求便是"自我实现需求"，想要触及这一需求层次，就必须拥有更高的思想认知境界，也就是要超越"被别人赏识"，达到"被自己赏识"。

有一次，老师布置了一篇有关人体特殊作用的作文，班里那些学霸同学们纷纷使出浑身解数，想要展示出自己的知识储备量，他们并没有把比尔·盖茨看在眼里，有的同学甚至认为生性调皮的比尔·盖茨绝对无法按照要求完成作业。结果证明，比尔·盖茨确实"没有按照要求完成作业"。他知道，以他的能力，完全可以按照老师的要求，在 4 页篇幅内把这篇作文写好，但他不在乎"谁比我更好"，他想做的是"比我自己更好"，所以他利用以前学到的各种领域的知识，一口气写了 30 多页，尽可能全面地展示出人体的特殊作用。

要知道，那时候的他只是一个小学四年级的学生。小小年纪便拥有了高度专注的能力（一气呵成的大篇作文）、自我实现的追求（专注于努力超越自己，而不是专注于超越别人）、良好的情绪管理（面对竞争压力和不友好的预判，泰然自若），这也是他 13 岁时就富有远见地开始学习计算机编程设计，并且迅速掌握电脑技术的原因。

比尔·盖茨的故事印证了：尺有所短，寸有所长。每个人都有不同的特点，也有不同的成才途径。不断获得进步的方法是让今天的自己比昨天的自己更加强大，那样才能不知不觉地跑在自己曾经羡慕的人的前面。这是重要的自我认知，也是强大的精神力量。如果孩子能够认清这一点，那么即使面对激烈的竞争环境，他也能够像比尔·盖茨那样理智地处理情绪隐患，隔离庸人自扰的杂念，专注于眼前事、当下事、喜欢的事、擅长的事。

马克·扎克伯格：别把自己绷得太紧

尽管Facebook（脸书）还没有进入中国，但Facebook的CEO扎克伯格作为青年才俊、年少有为的代表人物早已名声在外。

2017年6月19日，英国某网站发布了一篇文章，《扎克伯格生活里最典型的一天》。从中我们可以更直观地看到，扎克伯格是如何高效且轻松地度过健康的一天的。

早上8点，他准时起床，在手机上浏览自己的Facebook、Facebook Messenger和WhatsApp。然后与首席运营官在Facebook上沟通工作事宜。完成这几件事之后，他便出门锻炼身体，通常是一周三次。锻炼结束后是他的早餐时间，他对早餐并不挑剔，而且几乎每天都穿着同样的衣服，这都是为了把节省出的时间用在更重要的事情上。作为CEO，扎克伯格有非常多的事务需要处理，一周工作50—60小时是常态，但他依然有空闲时间去做点自己喜欢的事情，比如锻炼身体、旅游观光、陪伴家人。而且安排给这些休闲娱乐事项的时间是绝对不能被工作占据的，扎克伯格把工作和生活分得很清、理得很顺。

扎克伯格的故事告诉我们，注意力具有有限性和周期性，尽管持续性注意力很重要，但转换性注意力同样不可忽视，无论学习或工作多么忙碌，都不能以牺牲身体健康和生活品质为代价，必须懂得在“劳”与“逸”之间适时“变通”，就像歌唱家在唱歌时需“偷偷”换气一样。精力管理中有一个钟摆效应：主动工作，主动休息，精力就会呈上升趋势。因此，只要学会合理规划时间，充分利用好时间，劳逸结合，就可以做到游刃有余、有条不紊地应付多种复杂事项。

相反地，为了专注而专注，只学习不休息，不知不觉地把自己绷得像是一根随时会断裂的弦，这属于一种“极端专注”，其结果往往是身体健康的折损、巨大的精神负荷，注意力因此不堪重负、消耗殆尽，结果忙得焦头烂额却频频出错。“极端专注”的行为实际上是与集中专注力的初衷背道而驰的，专注的结果应该是带来高效，而不是带来压力、混乱与疲惫。

下面就是一个“极端专注”的典型过程：一开始，孩子会给自己设定较高的专注目标和参照物；然后，看到别人比自己更专注、更高效时，孩子就会逐渐产生争强好胜的心理压力，头悬梁、锥刺股，把自己绷得紧紧的。有上进心虽好，但物极必反，“极端专注”会带来严重的心理疲惫感，即使是休息和睡眠也无法将其彻底消除；孩子更容易受到外部刺激的影响、被无关因素吸引，注意力的质量反而会呈现出急转直下的态势。

如果孩子出现了这种情况，请家长一定要将扎克伯格的故事讲给他们听，使其正确理解专注力的真实内涵和运用转换性注意力的方法，指导其安排出 20—30 分钟的时间进行休息和简单锻炼，比如做一些简单的肢体放松动作，既能赶走身体的疲惫，也能缓解精神疲劳，有助于精力的恢复和专注力的提升。

奥巴马：让那些世俗事务的选择处在自动运行状态

《哈佛商业周刊》上发表过一篇题为“乏味意味着高效率”（*Boring is Productive*）的文章，文中描述了明尼苏达大学凯思琳·沃斯教授和同事们做的一系列实验。实验对象被分为两组，A 组是复杂选择组，他们需要在种类繁多的糖果、衣服与大学课程中做出明确的购买选择；B组是简单选择组，他们只需要大致了解这些糖果、衣服、课程的种类即可，不必做出具体选择决策。A组成员在后续测试中表现出自控力显著降低：精力减弱、注意力涣散、更多的拖延行为。这个实验验证了一个假设：一旦选择次数超过了实际接受能力，将会导致多种自我控制力的消耗。这其中就包括专注力。

通过生活中的观察，我们也可以发现：如果孩子每天都在一些无关痛痒的小事上“艰难”地做决定，那么这些事就会大量消耗他们的精力，最终导致大脑无法有效运转、思考力的成长空间被压缩，所以他们难以做到专注，无法去做内心真正想做的、真正有价值的事情。

那么，应该如何解决这些浪费了大量精力的小事呢？换言之，如何让选择性注意力发挥作用，避免在无关紧要的决定上投入创造性的精力呢？

2012年《名利场》的一篇人物文章中记录了美国前总统奥巴马在精力管理上的一些高效习惯。他在任期间，每天都要面对诸多国家大事，需要集中注意力做出很多困难的决定，其中包含艰难的交易和巨大的风险。为了减少不必要的精力耗费，保证选择性注意力的正常运转，他会对国家大事（需要他的专注力发挥作用）之外的世俗事务（不需要他的专注力发挥作用）做出简单决定或是请他人帮忙做决定，然后任其自动运行，这样他就不必重复考虑它们，有效地避免了决策精力的分散。

比如，他只穿蓝色和灰色西装，这样一来，就完全无须花费多余的脑力和心力去纠结今天应该穿什么、搭配什么。再比如，他的作息习惯也是安排得相当规律：早上7点起床，然后到健身房运动45分钟，洗澡、穿衣服、吃早餐，饭后是阅读报纸与每日安全简报的时间，之后他会前往椭圆形办公室开始一天的工作，晚上10点左右，家人

> 不要失去信心，只要坚持不懈，就终会有成果的。
>
> ——钱学森

都已经陆续上床睡觉，但他一般会忙碌到凌晨 1 点，为第二天的工作做好准备。日复一日，周而复始。

俗话说，习惯成自然。像奥巴马总统这样，尽可能地将一些定期要做的事情常规化、日程化、标准化、例行化，提前给自己设定好一些选项，比如每天吃什么、穿什么、在什么固定时间做运动。这些行为达到了条件反射、驾轻就熟的状态，就可以减小这些事情不知不觉间对精力的损耗。

比如，如果孩子对食物并不是特别的挑剔，可以提前给他安排好一周的健康饮食菜谱，每天到了三餐的时间，自动执行菜谱的安排，这同时也能帮助家长简化购物清单。再比如，如果孩子对服饰并不特别挑剔，就可以为他们选购一些百搭的款式和颜色，提前按套装搭配好，每天按顺序从衣柜里拿出来穿就行，当一套衣服穿旧以后，也可以用几乎相同的搭配替代。按照这种思路，总结出其他简化日常事务的方法。与此同时，让孩子把那些重要的事情放在精力指数较高的时段做。这种生活方式看似非常枯燥、毫无创意，但确实能尽可能地节约精力，从而提高专注力。

（二）分身有术：同时驾驭多项任务的秘诀

甘特图帮你规划所有学习任务

随着年龄的增长，孩子的学习内容也会越来越多，它们看上去错综复杂、交叉进行，如果安排不好，很容易导致专注力被打乱、分散，影响学习效率。如何把这些学习内容井然有序、按时按量地完成呢？“甘特图”就是一种简单实用的小工具。

甘特图，又称为横道图、条状图，它能直观地展现任务计划的整个脉络，便于评估任务进度与余下的任务量，比如需要在什么时间段执行任务、任务的实际进展与计划目标的对比。在时间管理工具与目标管理工具中，甘特图是元老级别的存在。

下面就是一个典型的甘特图：

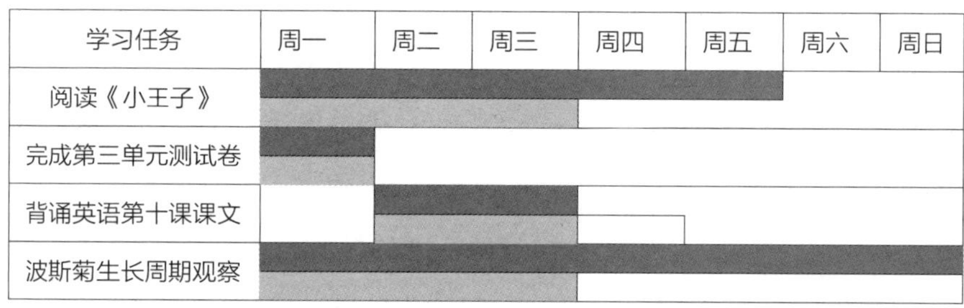

表格纵向的第一列是学习任务内容。如果是较为复杂的学习任务，可以把关键步骤写在下面，变成若干子项目，就像树叶的脉络一样主次分明。

每个任务的右侧分两行，其中第一行的深色色块是对应的执行时间，包括开始时间和结束时间，既可以按照星期来划分，也可以按照月份来划分，还可以按照 24 小时来划分，这要根据具体学习任务的种类与难度酌情而定。比如，阅读《小王子》的起止时间是周一到周五；完成第三单元测试卷的起止时间是周一；背诵英语第十课课文的起止时间是周二到周三；波斯菊生长周期观察的起止时间是周一到周日。可以用空心的方框覆盖相应区域。

每个任务右侧第二行的浅色色块是已经完成的部分，也可以用自己喜欢的标记方式，给已经完成的进度涂上其他颜色或是填充其他图案。可以看出，现在的时间是周四白天，截止到这个时间，已经按计划完成的任务是第三单元测试卷；未能按计划完成的任务是背诵英语第十课课文，留有空白表示进度滞后，后期需要加把劲；正在按计划进行的任务是阅读《小王子》、波斯菊生长周期观察。如果有超前完成的任务，就换另一种颜色将余下的计划进度条填满，表明计划里余下的时间可以稍做休息。

当利用甘特图规划好所有学习任务之后，可以把它打印出来贴在书桌的醒目位置。在定期回顾的时候，可以用不同颜色的笔在图上标记重点信息（超前完成，或未能按计划完成，以及遇到何种阻碍），在每个节点上把握进度，以便一目了然地关注细节、优化执行、调整行动。家长也可以通过甘特图的可视化规划和跟踪记录，了解孩子每个学习任务的进度，也能对整体进度进行正确的评估。

属性相同的学习内容一起完成

孩子要学的功课很多，具体的知识点更是无数，如果只是依靠临时起意和随机选择地学习，不可避免地要进行大量的重复劳动，很难产生真正的学习效益。

除了用甘特图做好时间规划之外，还有一种能够节约精力、优化整合诸多学习内容的学习方法，那就是把具体的学习内容放在整体框架中考虑，根据不同的思维方法和学习策略对学习内容进行分类，同时使学习的内容、方式与时间资源相匹配。

具体来说，学习的程序应该依据知识的内在联系、相属关系逐步展开，先对整体的学习内容和学习任务进行多层次分解，然后分析出本次学习处于整个学习过程的什么时期（基础期、提高期、综合期），本次学习在历次学习中充当什么角色、起到什么作用，再以本次学习内容所包含的知识点为导向，对其涉及的各种问题进行梳理和归类，同时依据孩子的学习能力和专注能力，在宏观计划上进行组织、设计，做好学习层次的划分和时间上的分配。

比如，做学习计划、列写作提纲都属于分析、综合、比较范畴内的活动，可以安排在同一时间段完成；阅读课本、做习题都是对某一知识点的消化、理解，可以安排在同一时间段完成。

比如，对于抽象难懂的内容，例如对某个数学公式、物理公式、化学公式的实际应用，可以在脑力充沛的状态下，利用大块时间进行集中突击；阅读课本与参考书的相关内容，以便加深概念理解；大量做应用题，以便提高实战能力；同时注意将相关知识点串联起来，逐渐建立起条理化、系统化的知识网络。也就是说，既要注重每一次的具体学习，也要注重历次学习的衔接；对于零碎松散的内容，可以采取分散式学习法，特别是简单、浅显的小知识点，可以在大块学习时间的间隙完成，比如在早自习、课间、等校车时。

比如，根据新知识与原有认知结构的关系，学习内容可以分为下位学习、上位学习和并列组合学习。下位学习指新学习的知识是归属于旧知识中的学习，上位学习指新知识的学习是包含旧知识内容的学习，并列组合学习指当新概念或新命题与学习者认知结构中已有的观念既不产生下位关系、又不产生上位关系时，它们之间可能存在组合关系。在制订学习计划时可以注意它们的逻辑关系，据此安排相应的学习内容。

比如，拿到习题或试卷之后，先大致浏览一遍，将题目分类，再将同样标记的题目统一完成。把难度一般、自己完全可以做对的题目放在一边，不做标记；把题目设计得较好、稍有难度、自己有把握做对的题目用“●”加以标记；把自己曾经做错过的同类题目用“★”

加以标记；把难度较大、自己尚未找到解题思路的题目用“▲”加以标记。然后，先做没有标记的，再依次做“●”标记的、“★”标记的，最后做“▲”标记的。这样既可以由浅入深地渐入佳境，也可以避免一开始就在难题上耗费精力和时间，导致学习进度缓慢。

除了像这样将属性相同的学习内容放在一起完成之外，家长还应该指导孩子做好每次学习的衔接与协调，如下表所示：

学习内容类型	处理方法
需要慢慢积累的知识点	做好稳步推进的远期规划
需要连续突击的知识点	安排若干个回合的强攻硬拼
有递进关系的知识点	注意历次学习的环环相扣，为进一步的学习做好铺垫
容易遗忘的知识点	安排由密到疏的滚动式复习

不要浪费每次学习项目的间歇时间

有时候，反而是那些偶尔的几分钟空闲时间，比如两个学习任务的间歇时间，或是刚做完一件事时，或是在做其他事的途中感到厌倦时，才是最佳的学习机会。它很适合学习那些比较零散、需要记忆、没有难度的知识。

尤其是课间十分钟，它是学校安排给学生的休息时间，适当休息有利于下一时段的学习。但适当的休息并不意味着可以完全将这段时间用于休闲娱乐，没有节制的休闲娱乐是对时间和精力的极大浪费。

休息后，如果孩子还有剩余的时间，其实可以做好以下三件事，适当地进行“无缝”学习。

其一，针对课堂上老师所讲的内容中难以理解、消化的问题刨根问底。假如下课之后，老师依然停留在教室中，可以抓住机会主动向老师请教，以解开心中的疑惑；假如此时老师已经离开教室，也可以向周围的同学请教，展开讨论。

其二，做好课堂笔记的补充工作。上课时，老师的语速飞快，学生的大脑也转得飞快，但是手中的笔却无法保持同样飞快的速度，有些需要记录的知识点往往有所遗漏，如果总是对其放任不管，那么将来复习时，就会出现知识点模糊、衔接断裂的问题。下课后，可以从头到尾阅读一遍自己写的课堂笔记，检查其中是否有遗漏、潦草和错误的部分，借同学的笔记补全遗漏之处，过于潦草的字要重新写清楚，错别字要加以纠正。如果想让课堂笔记更加充实，还可以将自己对于知识点的理解、收获和感想写在笔记本的空白处。

其三，及时思考，加深知识的理解和记忆。这种思考可以点到即止，不必深入，也无须拓展，但必须及时快速，把刚才上课时学习到的关键思路理顺。

学会写总结报告和创新计划

学习总结是对某一阶段的学习任务的完成情况做出检查、分析、评价后形成的一种方法。总结是学习的知识量积累达到一定程度，向质变跃升的一个关键性收尾环节。优秀、高质量的学习总结胜过平日枯燥的死记硬背，能帮助孩子理顺知识结构，发现问题、解决问题，突出重点、突破难点，便于让他们有针对性地复习，提高学习效率。总结还可以承上启下，为后续的学习内容做好准备工作。考试之后的总结与反思尤为重要。俗话说，"吃一堑，长一智"，考试的目的就是为了检测学生对知识掌握的程度，旨在发现不足，及时弥补，积累经验。

一份优秀的学习总结并不仅仅是把试卷上的错题弄会就行了，还应该包含学习思想上的感受、学习方法上的收获、对学习难点和重点的深刻认识。比如，总结出类似这样的观点："兴趣是最好的老师，学习的最大乐趣莫过于学以致用。我在课堂上进行物理实验的过程中对这些奇妙的物理反应产生了浓厚的兴趣，课后时间也会不由自主地观察生活中的物理现象，将课堂知识与现实生活很好地联系在一起，对于某些公式的理解也变得更加顺畅了。”

除了对已经学过的知识、获得的经验进行回顾总结之外，具有前瞻性的创新计划也非常有助于下一阶段的学习。学习与创新密不可分，创新性学习日益引起人们的重视。

家长可以引导和培养孩子的好奇心，指导他们在学习知识的过程中敢于质疑和突破常规，避免拘泥于书本、迷信权威，这样才能灵活自由地开启大脑中的潜意识，激发创新力，结合学习实践，产生新的联想，做出新的比较，综合出新的成果，通过撰写创新计划的形式，提出关于学习活动的新思路、新问题、新见解、新方法。这是唤起孩子的自主创新意识的起点和基础，可以最大限度地发挥他们的主观能动性，也是引导孩子从“学会”到“会学”的必经过程。

学霸寄语：被你超越是我的荣幸

相信正在阅读这本书的你，一定也有一颗上进心，想要让自己变得更优秀。试想一下，如果你能够主宰自己的生活，将每天的事情安排得井井有条，每次考试前都非常淡定，看到自己每学期获得的进步都骄傲地与父母分享，那么你不仅能成为会读书的学霸，还能找到自己努力的方向——或是感兴趣的专业，或是梦寐以求的学校，或是想改变世界的梦想。你可以将此设定为自己的人生目标，踏踏实实地往前走，无所畏惧，勇往直前。

但有时，你也会感到无助，面对着无穷无尽的作业和试卷，翻开课本复习却没有精神，你不知道从何下手，手忙脚乱最后什么都没做好，想着自己怎么就不能一天有 30 个小时的时间，为什么不知不觉又熬到了半夜 12 点，却又好像什么都没做完。学期前准备的辅导书，学期快过完却发现还是崭新的。考试前才想到要复习笔记，临时抱佛脚背得昏昏沉沉。考卷批改后发下来，成绩又不尽如人意。"唉，我可能天生就不是学习的料吧。"或许你觉得自己与真正的学霸之间有很大的差距，但不要气馁，每一位学霸都不是一天养成的。

学霸并不是一个头衔，也不是一个光环，并不是一旦拥有这个"学霸"称号后就可以获得一帆风顺的人生，就可以考试门门高分，就读顶级名校，走向人生巅峰。人生是一场漫长的马拉松，一场考试获得高分，就读于一所好的学校，赢在起跑线上只是暂时的，而拥有一直奔跑的能力才会让你终身受益。不敢面对困难和失败的孩子，很难快乐健康地成长，取得好成绩。

很多学霸甚至不认为自己是个学霸。刘辰钢说："我认识太多更聪明、更勤奋、更厉害的人了，我称不上是学霸。"叶雨露说："我只是一个比较努力学习的人，真的要达到所谓'学霸'那种学什么会什么、拥有极致的领悟能力或者学习能力，我还达不到。"张胜男说："Work hard play hard，高效地学习，学好玩好，这才是真正的学霸。"

这样的谦虚说明了学霸们拥有一种"无我"的状态和积极的心态。

在自己的学习生活中，学霸们会最大化地利用好自己的时间和精力。只有当一个人的效率被最大化的时候，他才能够发挥出最大的潜力，在最短的时间内高质量地完成最多的事情。好的时间管理方法，能让 1 个小时变成 3 个小时，事半功倍，从目标、计划到执行，帮你轻松搞定一切学习挑战。除此之外，科学的精力管理可以大幅提升一个人储存、恢复体力的能力，进而为高效持久稳定的专注力打好能量基础。如果能吃得好又吃得巧，科学又聪明地运动，保证高质量的睡眠，那么不仅能够提高学习效率，还能提升生活质量。

在面对各类压力时，学霸们会管理好自己的情绪，为自己营造一个积极的氛围。好的心态是取得好成绩的基础。懂得管理自己的负面情绪，不让焦虑和压力干扰你的专注力也是高效学习的必要保证。比如，通过掌握冥想等工具，扫除负能量，让自己体会到正念的魅力，正确对待负面情绪，不仅学习效率能提升，还能处理好人际关系，提升双商。另外，环境塑造人，也影响我们的学习效果。通过一张干净整洁的书桌，或者改变自己周围的环境，营造一个积极、专注、舒适的氛围，你就能慢慢做到一气呵成、不走神。

现在就是给自己一些改变的最好的机会。通过阅读这本书，你可以用书里精心设计的学习计划解决这些问题。你准备好了吗？你不仅可以成为下一个学霸，还能够收获更好的自己。

参考文献

1.Mihaly Csikszentmihalyi. *Flow: The Psychology of Optimal Experience*. New York, NY: Harper and Row.

2.Carol Dweck. *Mindset: the New Psychology of Success*. New York: Ballantine Books, 2016.

3.Bessel A., Van der Kolk Bessel. *The Body Keeps the Score: Brain, Mind, and Body in the Healing of Trauma*. Penguin Books, 2015.

4. “Brainwaves Reveal Student Engagement, Operate Household Objects.” NASA, NASA Technology, spinoff.nasa.gov/Spinoff2019/cg_6.html.

哈佛学子“无我”专注力

好成绩不靠凌晨四点半